仕事のアイデアがわいてくる
大人のカンニング

一流の人は上手にパクる

祥伝社

一流の人は上手にパクる

ブックデザイン●鈴木大輔・江崎輝海（ソウルデザイン）
編集協力●肥田倫子
図版制作●J-ART

まえがき

サラリーマンにとってのビジネスセンスとは?

この本は、大人のカンニング本です。

「大人のカンニング」とは、他でうまくいっていることを盗み見し、自分のアイデアに変えるビジネスセンスのことです。

学生時代のカンニングは処罰の対象になりますが、社会人になってからのカンニングはむしろ褒(ほ)められます。

どんな画期的なアイデアだって、実は、誰かが先にやったことをカンニングしています。これは、ノーベル賞を受賞するような博士だって、世界記録を更新するようなアスリートだって例外ではありません。

一流の人たちは、皆、上手にカンニングをしているのです。

斬新なアイデアや周囲が驚くような企画も、まったくの無から有を生んでいるのではなく、必ずどこかにネタ元があるのです。

一方、仕事がうまくいかない人は他人の成功を羨み、妬むだけでカンニングすることができません。

では、大人のカンニングに必要なこととは、いったいどのようなことでしょうか？

ビジネスモデル？　ロジカルシンキング？　フレームワーク？

残念ながら、どれも違います。これらを自由自在に使いこなすことで次々に発想を広げられる人もいますが、極めて少数派です。

なぜなら、具体的な成功体験を何ひとつ経験したことがないサラリーマンにとっては、抽象化された概念を自分ゴトとして当てはめ、応用するのはとても難しいからです。

その証拠に、カッコいい横文字が付けられた本が、書店のビジネス書コーナーに並べられているにもかかわらず、その主要読者であるはずの普通のサラリーマンは、いつまで経っても会社を変えるようなビジネスを発想することができていません。

なぜそう言い切れるのか？

何を隠そう、実は、僕自身がこの手の本をむさぼり読んでも何も変えることができなかったサラリーマンだったのです。それどころか、俗にいうリストラ予備軍として、暢気（のんき）に会社にぶら下がっていました。

ところが、そんな僕もサラリーマン生活の後半からは面白いようにアイデアが湧き出すようになり、社内ベンチャーを成功させて東証一部上場メーカーのグループ最年少役員になり、今では独立して複数の事業を展開させながら、ビジネス書を次々に出版してベストセラー作家とまで言われるようになりました。

さらに、「プロフェッショナルサラリーマン」を養成する私塾（プロ研）の受講生はもちろん、サラリーマン経験がほとんどない優秀な経営者からも高額な代金を頂戴しながらアドバイスを求められるようになったのです。

ビジネスセンスは、８割が後天的なものです。フィジカルトレーニングと同じように鍛えることができますが、何も考えずに日々を過ごしていて、いつの間にか周りが一目置くような斬新な提案をすることは至難の業（わざ）です。

本を読んだり街を歩いたりするだけで、新しいヒントを次々と得る人たちとそうでない人たちとの違いはどんなことなのだろう？

本書では、自らの体験をもとに、そんな素朴な疑問にアプローチしました。

いわば、ビジネスモデルを構築できる優れたビジネスパーソンが、ビジネスモデルとして提案する前にやっているネタの仕込みのヒントです。

あなたも、さっさと大人のカンニングの勘所を身につけ、ビジネスセンスに富む提案ができる自分になりましょう。

時代を創るアントレプレナーとは？

「アントレプレナー」という言葉をご存じでしょうか？

もともとは、フランス語〝entrepreneur〟（アントルプルヌール）の英語読みから来た言葉ですが、日本では「起業家、起業家精神の持ち主」と訳されることが多く、新しい分野でリスクを取って事業をはじめるという意味合いが強くなっています。

イノベーションを専門とされている一橋大学の人気教授、米倉誠一郎先生と何度か講演会でご一緒させていただいたのですが、その中で米倉先生から面白い話を聴きました。

日本では「起業家」と訳されることが多いこの言葉は、むしろ「企業家」のほうが相応(ふさわ)しいと。漢字にすると「起」と「企」と一文字の違い。しかも音まで同じです。

それまでの僕は、業を起こす意味の起業家がアントレプレナーで、企業家はサラリーマン経営者くらいのニュアンスでとらえていました。

しかし、少なくとも、サラリーマンにとってアントレプレナーの翻訳は、「企業家」ととらえておいたほうが良い仕事ができます。

つまり、業を企(くわだ)てる人は誰でもアントレプレナーです。経理であっても人事であっても、部署や立場を問わずに自らの「業」をいかに「企」てるか。

いまこそサラリーマンは、誰もがアントレプレナーシップ（企業家精神）をもって仕事に臨むべきです。

問題は、「どう企てるか？」。

そのことにスポットライトをあてたのが本書です。

誰もが、「企業家」になれますように。

まえがき 3

1章 サラリーマンのカンニングは、学生時代と大違い
……他人の成功を自分の仕事に上手に応用するのが「一流」 15

僕は「カンニング」で最年少役員になった 16
カニ缶からアウトレットのポイントをカンニングする 18
カンニングしないサラリーマンなんていらない 21
大人のカンニング、三つのポイント 23
カンニングでビジネスセンスを鍛える 25
カンニングは新しいビジネスの卵 26
大人のカンニングに必要な3ステップ 30

2章 情報収集力——サラリーマンのカンニング・ステップ1 35
……一流の仕事をしたければ、上質の情報を集めなさい

「大人のカンニング」の第1歩は、情報収集 36

目次

「情報は平等」だが、引き出せる情報は人によって異なる 38
感動レベルの差が収集力を左右する 40
▼具体例その1　「50人に一人タダ」から、数字の効果的な見せ方を学ぶ 42
▼具体例その2　歯磨き粉のコマーシャルから学ぶ、ビジュアルの伝え方 44
▼具体例その3　ホテルのビンゴゲームから学ぶ、ビジネスセンスの鉄則 46
情報感度を上げるためのメタ認知 49
▼嫌なメールをあえてプリントアウトする 50
▼自分の状況を「実況中継」していた弘兼氏 52
好奇心をルール化する 54
▼街で配っているものは拒否しない 57
▼信頼している二人から勧められたら絶対に拒否しない 59
▼人が集まるところにはとにかく行ってみる 64
ファンの気持ちがわかるまで寄り添う 66
気になったものはすべて携帯の写真に残す 70
▼ウォルマートのレジ 73
▼スターバックスのブラックボード 77

テレビを見るときは片手にスマホ 80
一号店を調べると、ビジネスセンスが磨かれる 83
続いているものには価値がある 87
【この能力を身につけるトレーニング】 89

3章

情報変換力――サラリーマンのカンニング・ステップ2 93

……既存の情報から「これまでになかったアイデア」を生み出す

情報を使いこなすには「下ごしらえ」が大事 94
「特殊はない」と柔軟に考える 96
▼タクシー業界の大問題はスーパーマーケットの事例で解決できる 97
業界の常識を疑うことが大事 101
▼「花が好きではない」から業界の常識を否定できた青山フラワーマーケット 102
▼空前のヒットとなったセール割引率とは？ 104

抽象化するレベルにまで落とし込む 107
「勝手にコンサルティング」の習慣を身につける 110
逆方向から考えると「ものの見方」が変わる 113
吉野家にはなぜ券売機がないのか 114
逆方向から考えて大成功した格安航空会社 116
アウトレット事業が成功した「逆方向からの目線」 119
「思考の補助線」が引けないか、考える 125
パスポートに「思考の補助線」を引いてみたら…… 127
【この能力を身につけるトレーニング】 129

4章

情報応用力――サラリーマンのカンニング・ステップ3　137

……成功をもたらす4つのキーワード

同じ情報でも、応用の仕方でインパクトが違ってくる　138

「掛け算する力」――「あるもの」と「ないもの」で　140

▼ＪＩＮＳ ＰＣは掛け算によって空前のヒットを生んだ　144

▼アウトレットにおける「掛け算」　145

▼「俺のフレンチ」成功の秘密　147

▼高級レストランの味に「回転率」を掛けてみると　148

▼限定メニューで廃棄ロスを減らす　151

▼シェフの自尊心を高めるネーミング　152

「引く力」でムダを省き、コアサービスに特化　154

▼当たり前と思われていたサービスをあえて省いたＱＢハウス　154

▼３つのＭを排除したカーブス　156

ブックオフには「割り切る力」が溢れている　158

▼オペレーションを割り切る　158

▼捨ててもかまわない「利益」とは？　160

▼儲けのポイントをズラす 163
すでに起こった未来に着目する「待ち伏せする力」 164
▼▼▼
【この能力を身につけるトレーニング】 168

5章 大人のカンニングを実践すると
……「収集」「変換」「応用」のプロセスを俯瞰(ふかん)する

173
より精度の高いカンニングを実践するために 174
百貨店の朝の売り場をカンニング——アウトレットの場合 175
▼人は「ファイティングポーズ」をとっているお店に惹かれる 176
▼在庫を置くスペースのない店で、いかに管理するか 177
▼「スタッフは考えなくてよい」と割り切る 179
▼マニュアルを進化させる 182
CMをカンニング——ヤフオクドームでのイベントの場合 185
▼頭の中のデータベースからデータを取り出す 186

▼「1日で投資回収」というゴールから考える 190
大人のカンニングは進化する 191

6章 カンニングはこれからのサラリーマンに必要な力 195
……リストラ候補から大逆転できた本当の理由

「入社→定年」だけがレールではなくなった 196
見えるもの、聞こえるものがすべてビジネスの種に 199
プロフェッショナルサラリーマンは、「大人のカンニング」で夢を創る 200
あとがき 203

1章 サラリーマンのカンニングは、学生時代と大違い

……他人の成功を自分の仕事に上手に応用するのが「一流」

僕は「カンニング」で最年少役員になった

本書で僕が述べることをごく簡単にまとめると、「サラリーマンの皆さん、カンニングをしましょう」ということになります。

サラリーマンのカンニングとは何か?

そのわかりやすい例として、僕自身の経験をまず説明したいと思います。

僕は今、複数の企業経営や投資活動をしながら、「プロ研」という私塾を創設して、会社で働き続けることも、独立して起業することも、束縛（そくばく）のない自由な働き方をすることも可能な「プロフェッショナルサラリーマン」の育成に力を入れています。

独立して3年になりますが、それまでは東証一部上場メーカーのシチズン時計株式会社でサラリーマンをしていました。

しかし、会社の約50年ぶりの赤字転落に伴い、30歳のときにリストラ候補に。

その状況を逆転するため一念発起、役職経験も小売の経験も、もちろん有力人脈もまったくない中で31歳の誕生日の翌月に社内ベンチャーを創業しました。そして、33歳の誕生日の4日後にはグループ約130社の現役最年少の役員に抜擢(ばってき)され、さらには40歳で本社召還、史上最年少の上級顧問に就任することができました。

ちなみに、その企業は私が舵(かじ)取りした約10年間で年商14億円の企業へと成長しました。

リストラ候補から2年で、最年少役員へ。

まさに大逆転であり、そのときのことはデビュー作である『プロフェッショナルサラリーマン』(プレジデント社)に詳述しています(ちなみに、この本が書店に並んだとき、僕はまだサラリーマンでした)。

僕が成功に導いたのは、メーカーの在庫処分をするための流通を創る事業です。全国のアウトレットモールにメーカー直販のアウトレットショップを次々にオープンさせていきました。そのときに、いかに事業を有利に加速させるかという点で僕が参考にしたのは、実は、「スーパーマーケットのカニ缶」でした。

「アウトレットとカニ缶」

意外な、というか、なんだか突拍子もない組み合わせですが、この組み合わせについては前述の『プロフェッショナルサラリーマン』にも書いていません。本邦初公開ということになりますが、これこそ、「サラリーマンのカンニング」の実例です。

【カニ缶からアウトレットのポイントをカンニングする】

アウトレットの最初の出店は、こちらからディベロッパー（不動産開発業者）に頭を下げて、他の店舗の一部を無理やり区切り、最後の最後に分けてもらった一区画からスタートしました。

店舗区画は歪（いびつ）な形をしており、正直、非常に使い勝手も悪いものです。

なぜそうなるのかと言えば、理由は単純。我々の店舗にはまだ実績がなく、ディベロッパーがテナントに出店要請をかけるための優先リストに入っていなかったからです。

アウトレットモールがグランドオープンする際は、80〜120くらいの店舗が軒（のき）を連ねます。最初にお声掛けいただくと経営がグンと楽になります。なぜなら、経営資源としてもよく取り上げられる「ヒト」「モノ」「カネ」の準備期間が長く取れるからです。

そこで考えたわけです。「実績ってなんだろう？」「どうすれば、ディベロッパーから優先的にお声掛けをいただけるのだろう？」と。

僕が注目したのは、ディベロッパーが発表する数値です。

そのディベロッパーでは、３つの指標でベスト10を発表していました。その３つとは、「売上」「レジ客数」「坪売上」です。

わざわざ発表するということは、ディベロッパーはこの３つの数値を重要視していることにほかなりませんが、問題は、どれが最も優先順位が高く、かつ、自分たちでも勝てる数値なのかということです。

僕は、彼らが最も重視しているのは、坪売上に違いないと確信しました、というのも、ディベロッパーは不動産開発業者であり、確保した土地からどれだけキャッシュ（売上）をひねり出せるかという商売をしているからです。

そんなことを考えたときに、スーパーのカニ缶と時計が、坪単価という点で、とても似ていることに気づきました。

カニ缶は、缶詰の中で特に単価が高い商品です。

しかも、平べったくて小さいので、たくさん重ねることができます。

つまり、スーパーの缶詰売り場では、他の缶詰に比べて、狭い面積で高い売上を期待することができる、坪単価の高い商品といえます。

一方、僕がアウトレットで扱おうと思っている商品は、時計。

これも小さいわりに値段が高く、狭い場所に積み上げることもできます。

カニ缶ととても似ている時計だったら、坪単価の高いお店が作れるはず。

そう閃（ひらめ）きました。その特性を活かし、さらに坪単価を高くするために徹底的に工夫したら、アウトレットの中でも高評価されるだろう。

そう考えた僕は、時計のアウトレットを展開するにあたって、坪単価を高くするためのさまざまな工夫を行ないました。

その具体的なことは5章で改めて説明しますが、その甲斐（かい）あってアウトレット事業は大成功、結果的に、僕は東証一部上場の老舗（しにせ）メーカーにおいて、平社員からグループ最年少の役員になれたわけです。

つまり、カニ缶を自分の仕事に応用することができたから、ビジネスを成功させることができたのです。

このように、**「他の業界の成功事例を自分の仕事に応用し、自分の仕事を成功させる」のが、サラリーマンのカンニングです。**

【カンニングしないサラリーマンなんていらない】

学生時代のカンニングと区別するため、サラリーマンがやっていいカンニングを、本書では「大人のカンニング」と呼ぶことにします。

学生のカンニングは、試験のときに他人の答案を覗(のぞ)いたり、隠し持ったメモを見たり、スマホを使って第三者に答えを教えてもらうなどして自分の答案を書くことを言います。

カンニングは和製英語で、語源となっている英語のcunningは「ずる賢い」という意味です。日本語でいうところのカンニングを英語で表すとcheating（不正行為）となります。

試験において、自力で正解を導き出せない人がカンニングをして実力以上の得点を取ることは、確かに不正な行為です。そもそもカンニングはやってはいけないことであり、カンニングしたことが明らかになった場合は厳重に処罰されてしかるべきだと思います。

しかし、ビジネスの世界ではいささか事情が違います。

ビジネスは正解が決まっている試験とは違います。もちろん、ビジネスの世界で戦うサラリーマンは学校で勉強をする学生とは違います。学生は言われたことをきちんと覚えれば評価されますが、サラリーマンは言われたことを言われたとおりにやるだけでは飛び抜けた評価を受けることはありません。

学生のカンニングはひとつの正解を書き写すことですが、サラリーマンのカンニングは、不特定多数の情報の中から自分にとって有益な情報をチョイスし、それを自分のビジネスに応用することです。

ビジネスの世界におけるカンニングは、不正行為どころか新たな商品やサービス、仕組みを生み出す発想の源泉にもなりうるのです。

ビジネスの世界には正解もなければ、模範解答もありません。何をカンニングするかも自由ですし、それをどう応用するかも自由。合っているのか、合っていないのか、正しいのか、正しくないのか、答え合わせをする必要もありません。

【大人のカンニング、三つのポイント】

ここで、大人のカンニングと学生のカンニングの違いについて、簡単にまとめてみたいと思います。

その１　答え合わせが必要ない。

学生のカンニングは、正解でないと意味がありません。テストは百点満点の中で点数を競う世界であり、○をもらうためにカンニングをしているわけですから、それが当然です。

しかし、大人のカンニングのポイントは、自分のビジネスに応用できるかどうか、です。それも、点数は百点満点に留(とど)まらず、千点でも一万点でもあり得る世界です。

しかも、カンニングした成功事例の本当の狙(ねら)いを当事者に聞きにいく必要もありません。

システムや発想を自分のビジネスにどう活かせるか。
それだけを考えればいいのです。

その２　いつもカンニングできる。

学生のカンニングは、試験の時間だけですが、大人のカンニングはいつでもやれます。というよりも、いつでもやるべきなのが、大人のカンニングです。
しかも、本番より前のフライングだってできますし、グループを作ったっていい。
その気になって世の中を見ていると、さまざまな成功事例が目に飛び込んできます。
世の中は、カンニングできる事例に満ちているのです。

その３　他業種をカンニングする。

学生のカンニングでは、数学の試験のときに英語の教科書をカンニングする人はいません。数学の試験のときにカンニングしようと思ったら、数学の教科書を盗み見るか、隣の人の解答用紙を覗くか、です。

しかし、大人のカンニングでは、むしろ全然違う業界の成功事例を盗み見るべきであって、同業他社の成功事例はあまり参考になりません。

先行して成功している企業がその分野ではトップになっているわけですから、真似をしていてもトップにはなれません。よくて、ナンバー2でしょう。それでいて、「猿真似」「パクリ」といった批判を、同業者から受けることになります。

決して、効率のいい話ではありません。

それよりも、まったく異なる業界の成功事例を、自分の業界でも使えるノウハウと上手に変形してトップを狙う。このほうが現実的ですし、なにより面白いですよ。

【カンニングでビジネスセンスを鍛える】

絵を描く才能や歌を歌う才能など、世の中には「生まれ持った才能」「先天的な才能」というのが確かにあります。それは他の人がどんなに努力しても、決して身につけることができないものといえるでしょう。

一方、サラリーマンが持ち合わせておきたいセンス、ビジネスセンスはいわゆる「天賦の才」とは異なります。だからといって、社会人になれば自然に身についていくものでもありません。ビジネスセンスは、意識して鍛えることで身についていくものなのです。

言ってみれば、**ビジネスセンスはフィジカルトレーニングによって得られる筋肉のようなもの。知らぬ間についてしまう脂肪と違って、トレーニングをしなければ身につきませんが、トレーニング次第でどんな人でも身につけることができます。**

そして、「大人のカンニング」こそが、そのビジネスセンスを鍛えるための格好のトレーニングなのです。

【カンニングは新しいビジネスの卵】

ビジネスには正解がありませんから、皆さんが目にしている事象すべて、手に入れることのできる情報すべてがカンニングの対象となりうるのです。

空を自由に飛ぶ鳥からヒントを得て飛行機が誕生したように、新しいものが生まれるときには、ヒントになるものが何かしらあります。つまり僕たちは何かをカンニングすることによって、新たなもの、新たなシステムを生み、生活をより便利で豊かなものにしてきました。

世界最大手の物流サービス企業、フェデラル・エクスプレス。1971年、アメリカ合衆国アーカンソー州リトルロックで、元アメリカ合衆国海兵隊員フレッド・スミス氏によって、設立されました。スミス氏は、自転車のスポークからヒントを得て、拠点となる空港（ハブ）に荷物を集め、そこから各拠点（スポーク）に分散させる輸送形態を思いつき、広大な国土を持つアメリカのほぼ全域でオーバーナイトデリバリー（翌日配達）を可能にしたのです。

ところが、スミス氏がイェール大学の経済学のクラスでこのハブシステムの原案をレポートとして提出したとき、教授からの評価はC（日本の大学では及第点の「可」相当）でした。

しかし、そのハブシステムこそが、アメリカの広大な国土のほぼ全域でオーバーナイトデリバリーを可能にしたのです。このレポートは、現在もフェデックスの本社に飾られているといいます。

日本に目を転じてみると、多くの人が利用している宅急便も、牛丼の吉野家からヒントを得て生まれました。

宅急便の生みの親であるヤマト運輸の小倉昌男(おぐらまさお)氏は、「吉野家は提供する商品を牛丼一本に絞った」という新聞記事を見て、「それで商売が成り立つのだろうか?」と疑念をいだきました。

ところが、牛丼一筋にすることで、吉野家は良質な肉を安く仕入れ、安くておいしい牛丼を提供することに成功。しかも、単品なので素早く提供できるし、オペレーションがシンプルなため、アルバイトでもすぐに戦力となる。人件費を抑えながらも、品質を維持することができるので、お客も増え、売上も伸びるというわけです(注:現在、吉野家では牛丼だけでなく牛カルビ丼、鰻丼をはじめ、カレーや定食などもメニュー展開しています)。

牛丼一筋にした吉野家に倣(なら)い、小倉氏は、それまで基幹事業だった商業貨物をやめ、少量小口の個人宅配事業に一本化することを決めました。

今や当たり前のようになっている宅急便ですが、当初はヤマト運輸の無謀な挑戦にほとんどの人が懐疑的だったといわれています。

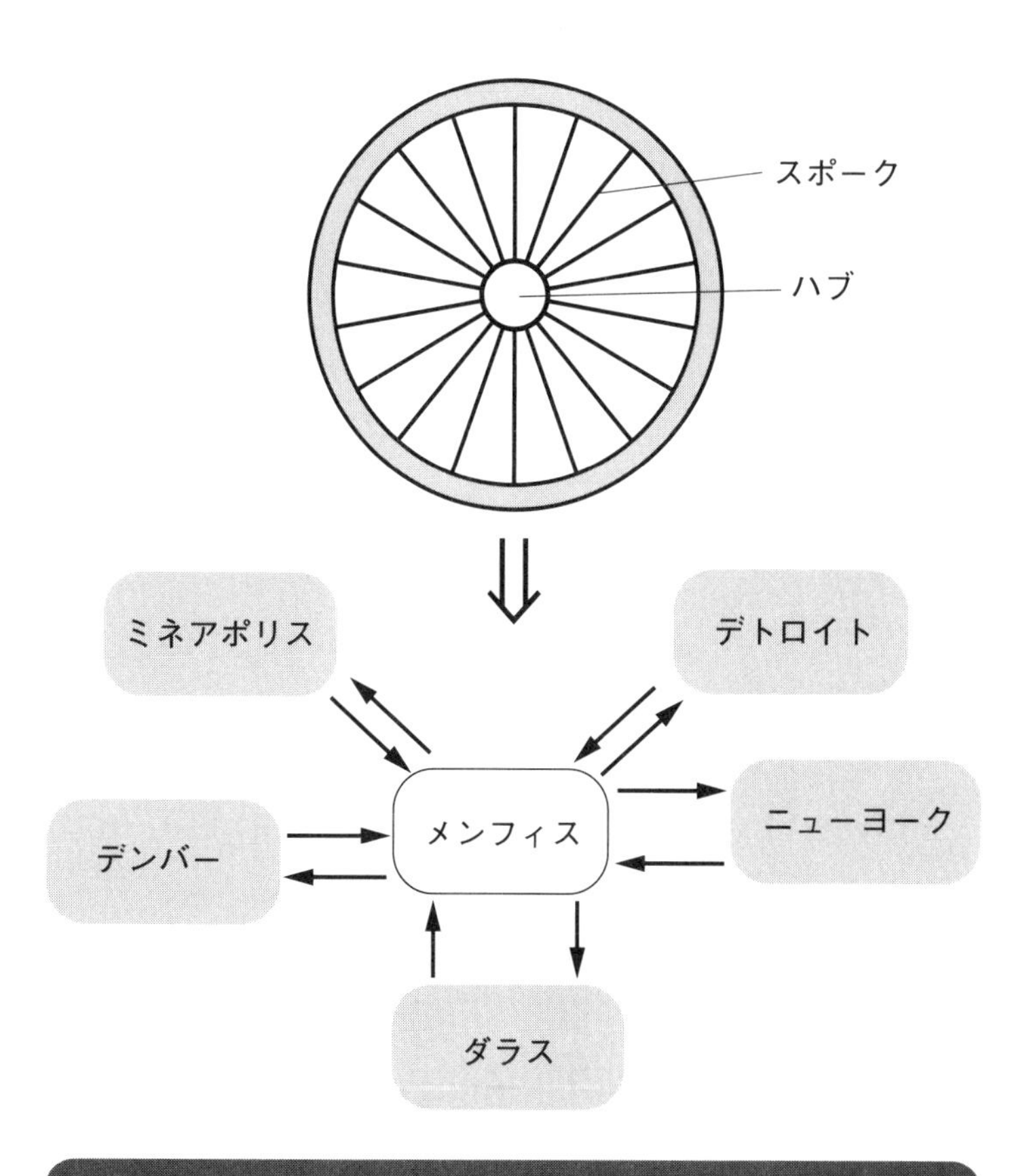

世界最大手の物流サービス企業は、
「自転車のスポーク」をカンニングして生まれた

フェデラル・エクスプレスは拠点となる空港（ハブ＝ここではメンフィス）に荷物を集め、そこから拠点（スポーク）に分散させる。

どんなヒントを得て、それをどう応用するかは人それぞれ。その人次第です。

語源が示すとおり、カンニングは「ずるい」ことというイメージがありますが、サラリーマンのカンニングは決して「ずるい」ことではありません。もちろん不正行為でもありません。それどころか、カンニングはサラリーマンに与えられた権利といっていいでしょう。

「必要は発明の卵」であるように、サラリーマンにとって「カンニングは新たなビジネスの卵」なのです。

大人のカンニングに必要な3ステップ

繰り返しになりますが、大人のカンニングは学生のカンニングとはまったく異なります。誰からも咎(とが)められることなく、誰も傷つけることがないのですから、カンニングをしない手はありません。

むしろ、ビジネスセンスを鍛えるためにも、新たな発想を得て自分の仕事を充実させ、成果を出すためにも、僕は積極的にカンニングするべきだと思います。

とはいえ、いきなりカンニングを勧められても、「どうやったらいいかわからない」という人が大半でしょう。

かくいう僕も、意識的にカンニングをしてきたわけではありません。さまざまな企業の事例を参考にし、それを当たり前のように自分の仕事に応用してきたことが、すなわち「カンニング」であると認識したのは、実は、本書の出版企画をいただいてからです。それくらい、私にとって「カンニング」は血肉化した無意識レベルのことでした。ですから、明確なメソッドを持っているわけでもありません。

そして、私が無意識のうちにやってきたことを「カンニング」というひとつのスキルと位置づけ、体系化したのが本書の生い立ちというわけです。

改めて分析してみると、「カンニング」をする際に、僕は次の3つのステップを活用してきたように思います。

まずは、情報をストックする力＝**「情報収集力」**。

次に、情報を編集し自分のフィールドに置き換えて考える力＝**「情報変換力」**。

そして、アレンジして応用する力＝**「情報応用力」**です。

これらの能力ははっきりと線引きができるものではなく、収集力と変換力が一緒に使われている場合もありますし、変換力がそのまま応用力と結びつく場合もあります。

互いに絡み合い連動している3つの能力ではありますが、2章からはこれまで僕がどのようにしてそれらの能力を身につけ、使ってきたのかを、それぞれ実例を挙げながらご紹介していきます。

読者の皆さんには、僕のカンニング術をカンニングするつもりでお読みいただければと思います。

では、さっそくトレーニングを始めましょう！

この章のまとめ

●ビジネスの世界には正解もなければ模範解答もない。何をカンニングするか、どう応用するかも自由。サラリーマンに与えられた権利である。

●ビジネスセンスは意識して鍛えることで身につく。「大人のカンニング」はビジネスセンスを鍛えるための格好のトレーニング。

●大人のカンニングに必要なのは、「情報収集力」「情報変換力」「情報応用力」。

情報収集力
サラリーマンのカンニング・ステップ1

……一流の仕事をしたければ、上質の情報を集めなさい

【「大人のカンニング」の第1歩は、情報収集】

料理を作るには食材が必要です。おいしい料理を作る秘訣は、いい食材を選び、その食材が持つおいしさを活かすよう調理することといえるでしょう。

カンニングの場合も同様です。カンニングをするには、まずカンニングをする対象、素材が必要になります。

「大人のカンニング」の素材は、一言でいえば「情報」です。

料理が素材を準備することからスタートするように、カンニングにおいてもよい素材、つまりビジネスのヒントを秘めた情報を手に入れる情報収集からスタートします。

食材はそれぞれ扱っている場所が決まっており、小売店に足を運んだり、生産者に依頼し直接送ってもらったりといったことをすれば、求める食材を手に入れることができます。

けれどカンニングの素材となる情報は、特定の場所で取り揃えて販売しているわけ

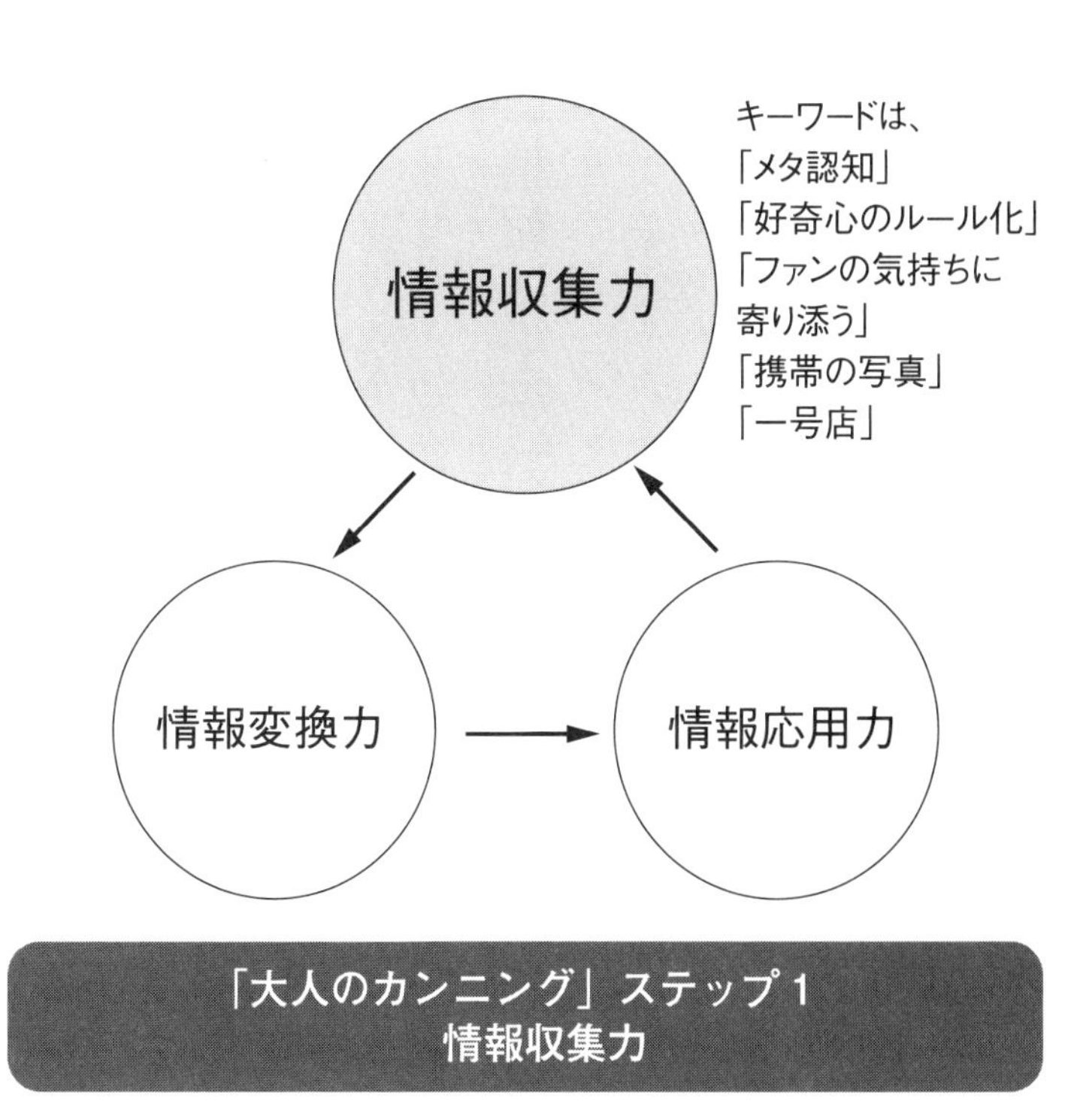

「大人のカンニング」ステップ1 情報収集力

料理でたとえると、食材を集める段階。
ビジネスのヒントを秘めた情報を手に入れる。

ではありません。また、情報は食材と違い、鮮度を求められません。何週間、何カ月間、何年間ストックしたからといって、情報は腐ることはなく、いつでも使うことができるのです。

料理であれば、短期的な観点でその日に作りたいメニューに合わせて素材を選びに行くことになりますが、カンニングの場合は長いスパンで考え、いつ使うのかわからないけれど、役立ちそうな素材を前もって収集しておくことがポイントになります。

「情報は平等」だが、引き出せる情報は人によって異なる

さて、情報は世の中に溢(あふ)れるほどありますが、どれがカンニングの素材となる情報なのかは、実際のところ誰にもわかりません。

インターネットサービスが充実し、ソーシャルメディアが成長した現代において、情報は誰もがいつでも好きなときに収集できるものとなりました。

デジタルメディアを使える状況であるということを前提にすれば、情報はどんな人にも平等に与えられているということができます。

ただし、一般的な情報は平等であったとしても、それを摑まえる情報収集力は人によって異なります。

検索エンジンをイメージしてみてください。同一の検索エンジンを使うのであれば検索システムは一緒であり、同じように情報を引き出すことができるはずです。けれど、実際には、検索結果は人によって違ってきます。

なぜなら検索窓に入れる言葉によって、引き出される情報が異なってくるからです。

自分のほしい情報にたどり着くためには、検索窓に入れる言葉の選び方、つまり言葉のセンスが求められるのです。

情報が溢れる社会になればなるほど、あなたが何を求めるかで得られるものが変わってきます。

では、検索窓に適切な言葉を入れるためにはどうしたらよいのか。さらに考えてみましょう。

【感動レベルの差が収集力を左右する】

情報収集といえば、イコールネット検索と思いがちです。しかし、情報はインターネットの中にだけ潜んでいるわけではありません。通勤中に目にする人やもの、ランチで入った店の貼り紙、買い物をしたときの店員の対応、街の看板、人から聞く話などさまざまなもの、ありとあらゆるものが情報源といえるでしょう。

とはいえ、何がカンニングの素材となりうるのかは、誰にもわかりません。同じものを目にしても、そこから何らかのアイデアを掴む人もいれば、何も感じることなく終わってしまう人もいます。

情報は平等ではありながら、しっかりキャッチして活用できる人もいれば、見過ごしてしまう人もいるわけです。

では、ビジネスの種となる情報をキャッチするにはどうすればいいのでしょう？

検索エンジンで調べものをする際に、検索窓に入れる「言葉」が鍵になるように、自分を取り巻く周囲の事象から情報をキャッチする際にも、鍵となるものがあります。

情報をキャッチするうえで最も重要なキーワードは、それを得るための適切な質問であり、検索窓に入れる言葉です。そして、そのフックとなる原動力があります。

それは、「感動」です。

検索窓に入れる言葉が人によって違うように、感動のレベルも人によって違います。つまり、感動のレベルの違いが、情報に対する感度の差となり、情報収集の精度の差となります。

自らの感動のレベルを上げれば、情報を敏感に感知するようになり、より効果的な収集ができるようになるのです。

感動というと、映画を鑑賞したり、名作といわれる小説を読んだり、スポーツを観戦したりというように何か特別なことをしなければ得られないもののように思われがちです。しかし、ここで言う感動というのは、文字通り、日常生活の中で起こる**「感情の動き」**のことです。

特別な場所に行ったり、特別な体験をしたりすることがなくても、感情は動きます。そして、**ちょっとした感情の動きに着目することが、情報収集力に磨きをかけることに繋がる**のです。

たとえば僕は、1枚のチラシに書かれていたキャッチフレーズにも、テレビCMの一場面にも感情が動かされます。感情が動けば、それがヒントになり、新たなアイデアが生まれます。

これをわかりやすく表現すると、「おや?」と感じる瞬間です。好き嫌いなど関係ない世界で感情が動く違和感のようなもの。ここに着目してみてください。

いくつか、例を挙げてみましょう。「そんなことでいいの?」と思われそうですが、そんなことでいいのです。

〈具体例その1　「50人に一人タダ」から、数字の効果的な見せ方を学ぶ〉

以前、全日空がやっていたキャンペーンのキャッチフレーズに「50人に一人タダ」というのがありました。50人に一人ということは100人に2人。つまり実質的に2パーセントの割引をするということです。

「2パーセント引き」とダイレクトに言われると「たった2パーセントか」となりま

すが、「50人に一人タダ」と言われると、不思議なことに「え、そうなの⁉」「もしかして自分がその一人になれるかもしれない」と気持ちが動きますよね。

実質的には同じ割引サービスであっても、「2パーセント引き」ではなく「50人に一人タダ」と打ち出したことで、受け取り手の心を強く引きつけ、受け止め方まで変えることに成功しているのです。

最近では「タウリン1000ミリグラム」というCMがありますが、これも打ち出し方の違いで印象を変えている事例といえるでしょう。

実際にはタウリンが何なのかもよくわからないし、1000ミリグラム入っているからといってそれがすごいのかすごくないのかもよくわかりません。

けれど、1グラムと言われるよりも、1000ミリグラムと言われたほうが、含有量がはるかに多いような気がするし、いかにも効果があるような気がするものです。

同じ金額でも、ゼロがいくつも並んでいれば高額という印象になりますし、ゼロの数が少なければ小額という印象になります。

たとえば、キャッシュバックをする場合などは「10，000円」と記せば、多く戻ってくるような印象を相手に与えることができます。逆に販売価格として表示する場合などはお手頃感を持ってもらうよう「1万円」と記せばいいわけです。

このように、チラシに書かれていたフレーズにも心は動きますし、心が動けばそこから数字の効果的な見せ方について学ぶことができるのです。

〈具体例その2　歯磨き粉のコマーシャルから学ぶ、ビジュアルの伝え方〉

ご存知のとおり、歯磨き粉のテレビCMでは歯ブラシのブラシ部分にこぼれんばかりに歯磨き粉をつけているビジュアルが大写しにされます。昔から変わらぬ見慣れたシーンではありますが、僕はこのシーンを見るたびに、ちょっとした疑問を持たずにはいられませんでした。

「これだけつけてください」というメーカーのメッセージなのか？

はたまた「これだけつけないと効果がない」ということを暗に示しているのか？

歯磨き粉をあそこまで大量に使用しない僕としては、メーカーはどういう意図でこのシーンを流しているのか、釈然としないものを感じていました。

ある日、何かのついでに知り合いの歯医者さんに聞いてみたところ、「歯磨き粉はあんなにつける必要はない。あれは歯磨き粉をできるだけたくさん使わせようとしているだけだよ」との答えでした。

やはり、多くつければそれだけ歯がきれいになるわけではないのです。歯磨きの効果が上がるわけではないけれど、消費者はブラシにたっぷり載った歯磨き粉のビジュアルを頭に焼き付けてしまい、歯磨きをする際、必要もないのについつい歯磨き粉を多く使うことになります。多く使ってもらえば歯磨き粉を買う回数が増え、それによってメーカーは儲(もう)かるという筋書きです。

消費者の立場に立てば、「メーカーの手にはのらないぞ」ということになるのでしょう。一方、提供する側の立場に立つと、ビジュアルで量を示すということの手法は非常に参考になります。

たとえば何グラムとか何ミリリットルと言われてもピンときませんが、大さじに何杯とかコップ3分の2と言われればイメージが具体的になります。さらに実際にその量をビジュアルで示せば、見た人の脳裏に適量を映像としてインプットすることができるのです。

味の素の「香味ペースト」は主婦にとても人気のある調味料ですが、「使用量はキャップの円周が目安です」と表示しています。これなど、実にわかりやすいイメージだと思います。

歯磨き粉のＣＭは適量を示すためのものではありませんが、目で見て一発でわかる伝え方という意味で、いろいろ学べるものがありました。

〈具体例その３　ホテルのビンゴゲームから学ぶ、ビジネスセンスの鉄則〉

私が直接見たわけではないのですが、知人から聞いて思わず「うまい！」と口にした、感情が動いた事例があります。あるホテルの取り組みです。

そのホテルでは、夕飯後の20時からロビーでビンゴ大会を開催するそうです。チェックイン時の口頭でのご案内や館内にポスターを掲示するなどしてお客さんを巻き込みます。

ビンゴ大会をやること自体は何の変哲もなく、だからどうしたということになりますが、以下の４点に上手さを感じました。

１　ビンゴカードを１枚１００円で販売し、何枚買ってもよい。

少額でもご購入いただくことが盛り上げる効果となります。複数枚を買うことで、イベントへの参加意欲を高めます。

2　ハズレのビンゴカードは売店で１００円の割引券となる。

１００円券となった瞬間に使わないと損した気持ちになるので、売店の買い上げ率が上がります。

3　ビンゴ大会の最中に、館内スタッフが一斉に布団を敷く。

お客さんのくつろぎを邪魔することなくスタッフの作業時間を一定にする。パレードやショーを定時開催することで、アトラクションの混雑をコントロールする東京ディズニーリゾートのような仕掛けですね。

4　イベントは思い出になりやすい。

ホテルは体験を売る場所です。ひとつでも何かの思い出をつくることで再来に繋がります。

景品は宿泊割引券などリピートしてもらうためのものですから、ゲームの景品で割引券を提供しても、広告宣伝費から比べたら安いものです。

ビジネスセンスのある取り組みには、「誰も損した気にならない」という鉄則があります。それを見事に体現している事例として、覚えておきたいと思います。


これらの例は、どれも誰もが耳にすることができ、目にすることができる情報です。ただし、同じ情報であっても自分の目の前を素通りさせてしまうか、感情を動かしそこで何を考えるかによって、その価値は大きく変わってきます。

もう一度言います。

感動は日常にあります。**素朴な疑問を無にしないことで、キャッチできる情報の質と量が変わります。**

ある店の前に行列ができているのを見て「なんでみんな並んでいるんだろう?」と思うことも感動です。「○○を食べるために並んでいるんだ。この店の○○ってそんなにおいしいのかな?」と興味を持つのも感動です。

以前から知っている店で新たなサービスを始めたら、「へえ〜！」と驚くことも感動です。「なんでそういうことを始めたんだろう？」と疑問を持つことも感動です。「そういうやり方もあるよね」と共感することも感動です。

意識はしていなくても、人の感情は常に動いています。

そして、無意識のうちに動いている自分の感情を客観的に認識できるようになると、感動レベルは確実に上がってくるのです。

では、自分の感情をどうしたら客観的に認識できるのか？

それが「メタ認知」です。詳しく見てみましょう。

【情報感度を上げるためのメタ認知】

ご存知のとおり、メタ認知とは、認知している自分を認知すること。つまり自分の思考や行動を客観的に把握(はあく)し認識することです。

自分自身の感情を一歩引いたところから見る努力を日々していくと、メタ認知能力が徐々に身につき、日々の事象の中から自分が必要とする情報をキャッチする力がついてきます。

〈嫌なメールをあえてプリントアウトする〉

サラリーマンは理不尽な世界に生きています。

やらなければならないルーティンワークがあるのに、タイミングも何も関係なく日常的に、上司や部下から邪魔が入ってきます（上司や部下にしてみれば、「邪魔」だとはまったく認識していないと思いますが……）。そのため、自分の時間を自分でコントロールすること自体が至難の業になります。

たとえば、日常業務は就業時間内に終わらせたいにもかかわらず、突発的な仕事が入って来て中断させられ、結局ルーティンワークを残業でやることになってしまうのです。

僕もそうでした。自分がこれをやろうと思っているときに、横やりが入ってくるので、「よりによって何でこのタイミングに」と思ったり、「わかっていないよな」と思ったり、いちいち感情が揺さぶられ、イライラしていました。

しかし、自分の身に降りかかる理不尽なことにいちいち感情を揺さぶられていては、仕事にも影響がでます。そこで、僕は自分の身に起こることをどう解釈するかにフォーカスすることにしました。

当時僕は、仕事の漏れや抜けをなくすために、受信したメールはすべてプリントアウトしていました。プリントアウトしたメールは受信した順番に並べ、ファイルに入れて保管し、それらに目を通すことから一日の仕事を始めていたのです。

印刷したメールを読んでいると、「この人のこういう表現は気が利いているな」とメールの書き方に対する学びがありました。

さらに、「こういう言い方は腹が立つな」といったものに目が留まり、そうしたメールに対してマイナスに動く感情を逆にプラスの瞬発力に使えないかと考えるようになりました。

そのメールを見るたびに嫌な記憶は蘇ってきますが、嫌な感情に身を任せるのではなく、嫌な感情を抱いている自分を客観的に見るよう試みました。

感情をコントロールすることはできなくても、自分の感情を分類することはできます。

今、自分の感情はプラスに動いているのか、それともマイナスに動いているのか。
それを意識することによって、必要以上に感情に振り回されることはなくなりました。そして、自分の感情を踏まえたうえで、次のアクションにどう繋げていくかを冷静に考えられるようになりました。

物事の見方を変え、解釈の仕方を変えたことで、僕の感情は必要以上に揺さぶられることはなくなりました。つまり一つの事実に対し、客観的な視点を持つことができるようになっていたのです。

その頃読んだ本にちょうど「メタ認知」という言葉が出ていました。

「僕がメールをプリントアウトしてやってきたことは、メタ認知を学ぶプロセスだったのだ」と気づきました。

〈自分の状況を「実況中継」していた弘兼氏〉

メタ認知に関しては、以前対談をした際、弘兼憲史先生が面白い話をされました。

弘兼さんは、大手企業に勤めていた経験をお持ちのマンガ家で、『人間交差点』『課長島耕作』シリーズなど、サラリーマンの共感を呼ぶ優れた作品を生み出しています。

弘兼さんが会社勤めをされていたのはもはや40年も前のことですが、サラリーマンの苦悩というのは、いつの時代も変わりはないのでしょう。彼もまた、社内外で遭遇する理不尽な局面から我が身を守るべく、意識的に感情を客観視していたようです。マンガ家として名を馳(は)せただけあり、弘兼さんの「メタ認知」は非常にユニークです。なんと、自分の周りで起こる会社内での出来事を「実況中継」していたというのです。

たとえば苦手な上司が自分の方に向かって来ると、

「おっと～、上司が近づいてきたぞ。これはお怒りモードか？」「あ、来た、来た、来た！」「第一声は何？」という調子で状況を解説するわけです。もちろん上司にバレてしまってはまずいので、声には出しません。心の中で実況中継するのです。

実況をするには、客観的な視点が欠かせません。弘兼さんは、自分が置かれた状況や自分の感情を俯瞰(ふかん)し、自らが解説者となって実況中継することで冷静さを保ち、さまざまな局面を乗り越えてきたのでしょう。

余談になりますが、サラリーマン時代に実況中継したさまざまな場面は、その後弘兼さんの作品を構成するネタとして蘇り、登場人物の心理描写にリアリティを与えているということです。

もしも弘兼さんがご自身の感情に蓋(ふた)をしていたら、「島耕作」は存在していなかったかもしれません。やはり何かを生み出すには、感情を解放し、感情の動きを見つめる視点が欠かせないということなのでしょう。

「実況中継」となるとハードルが高いかもしれませんが、自分の感情を客観視することなら意識を変えることでできるようになります。

【好奇心をルール化する】

情報収集をするうえで「感動」が重要と言いましたが、感動に頼っているだけでは情報源が狭められてしまいます。つまり、キャッチできる情報も制約されてしまうということです。

幅広く情報を得るためには、感情が動くのをじっと待っているだけでなく、自ら感情が動くように働きかけることも大切です。

繰り返しになりますが、感情は自然と湧いてくるものです。いくら感動したいと思っても、感情が動かなければどうにもなりません。ただし、感情が動きやすい仕組みを作ることはできます。

その仕組みとは、好奇心をルール化することです。

人間は変化を嫌うＤＮＡを持っています。昨日生きていたというのは確定した事実ですが、明日も生きているというのは希望的な観測でしかありません。つまり、昨日と同じことをしていれば明日も無事でいられる可能性は高い。だから、変化を嫌い同じような行動を取ろうとする力が働くのです。

他方、好奇心とは何かに対して興味を持つこと。つまり、未知への探求です。「好奇心は生まれ持ったものじゃないか」と言われそうですが、**好奇心を旺盛にすることはできなくても、好奇心を持つ機会を増やすことはできます。**つまり好奇心をルール化することによって、好奇心を持つ機会を増やそうというわけです。

人の興味というのは千差万別です。何に興味を持っているかということが、その人の個性に繋がったり、その人の印象を形作ったりしているといってもいいでしょう。

しかしながら、そうした個人的な興味というのは、時として好奇心の窓を閉ざしてしまうことがあります。

たとえば、音楽ファンのなかにはクラシックは聴くけれど、ジャズは聴かないという人がいます。世間で話題になり、周りの人が「いいよ」と勧めても、自分の好みのジャンルではないという理由でかたくなに聴こうとしません。

一方、ジャンルに拘（こだわ）らず何でも聴くという人もいます。ラジオで耳にした曲でも、人に勧められた曲でも、琴線（きんせん）に触れればその人のお気に入りの曲となります。

どちらの人のほうがより広くさまざまな音楽に触れることができるかは、言うまでもありませんよね。もちろん、サラリーマンにとって音楽はプライベートな趣味の問題ですから、自分の興味を優先して、好きなスタイルで聴くことが一番だと思います。

しかし、ビジネスにおいて情報収集をする場合は、自分の興味や嗜好（しこう）という枠は一切取り外すべきです。世の中に数多（あまた）ある事象を興味のあるなしで選別したら、おそらく99％は興味のないものになってしまいます。**個人的な興味や嗜好というフィルターにかけてしまうと、情報の範囲が限定され、カンニングのスケールが小さくなってしまう**のです。

そこで、僕は自分の興味や嗜好というフィルターにかけることなく、幅広く情報を得るために、以下のことをルール化しています。

〈街で配っているものは拒否しない〉

街を歩いていると、ティッシュペーパーやチラシを配る人に出会い、数種類のフリーペーパーが置かれたラックが目に留まります。

大抵の人は、「はい、どうぞ〜」とティッシュを手渡されても「いっぱい持っているから必要ない」と思って受け取らず、定期的に発行されるフリーペーパーも「どうせ俺には意味のない情報だ」と手に取ろうとさえしないのではないでしょうか。

確かに鞄（かばん）の中にティッシュが入っていればもらう必要はありませんし、雑誌を読みたいのなら書店で選んで買ったほうが、自分のほしい情報をダイレクトに得ることができるでしょう。

でも、僕は鞄にティッシュが入っていても街頭で配っているティッシュはもらいますし、本屋から出てきたばかりでも、ラックに置かれたフリーペーパーを手に取ります。

なぜなら、ティッシュペーパーにしろ、フリーペーパーにしろ、何らかの意図のもとに誰かがお金をかけて、人を雇って街頭で配らせ、ラックを設置して配布しているものだからです。

普通に考えたら、街頭で無料配布している媒体は、僕自身の興味の対象ではないものがほとんどです。だからこそ、たとえ自分がそのとき必要としないものであっても「街頭で配っているものは拒否しない」というルールを作ったのです。

実際、僕はこれまでに、手渡されたティッシュやフリーペーパーから多くのヒントをもらっています。

たとえば、リクルートが発行しているフリーペーパー「R25」。

25歳前後の世代の男性をターゲットにしたこの冊子を読めば、その世代のトレンドがわかります。編集記事からはその世代が持つ価値観や抱えている悩みがわかりますし、掲載広告を見れば、その世代がどんなことに時間とお金を注ぎ込んでいるかが読み取れます。これは、私塾「プロ研」でも教材の一部として使っているくらいです。

R25世代というのは僕が手がけるビジネス書やセミナーのターゲット層ですから、彼らのトレンドを摑み、彼らが何に時間とお金を払っているかを知ることができるこのフリーペーパーは、僕にとっては情報の宝庫といえます。

ちなみに、拒否しないというルールではありますが、同じ日に一度通った道をまた通るときは、ティッシュを手渡されても受け取りません。同じものを二重にもらってしまっては、取り過ぎになるからです。

〈信頼している二人から勧められたら絶対に拒否しない〉

「あの本は面白かったよ」「あの映画は心に残った」など、人は自分が感動したことについて周囲の人に伝えたくなるものです。僕も「いいね！」と思ったことは知人・友人に話しますし、逆に彼らから何かを勧められることもよくあります。

価値観や嗜好は千差万別ですから、勧められた瞬間に食指が動くこともある反面、なかなか興味が湧かないということも少なくありません。おそらく多くの人は、興味のあることにはすぐ食いついても、興味が湧かないことは話を聞くだけでスルーしてしまうのではないでしょうか。

けれど僕は、自分が信頼している人二人から勧められたら必ずのるようにしています。拒否はしません。なぜ二人なのかといえば、一人から勧められたものは勧めた人特有の何かが関係しているかもしれないからです。

　一方、二人から同じことを勧められたら、勧められていること自体に何らかの意味があるように思うのです。ですから、たとえまったく興味が持てないことであっても、必ず乗るというルールにしたわけです。

　このルールに従うことで、僕がこれまでに読んだ本は何十冊もありますし、足を運んだ店も何十軒もあります。自分の嗜好に合わない場合も当然ありますが、そんなことは二の次。個人的な嗜好の満足度とは別に驚いたり、感心したりするものがそれぞれにあれば御の字です。

　僕が人から勧められるものは、映画やテレビドラマ、本やマンガ、飲食店や物販店がほとんどですが、中には自分の生活習慣を変えてしまうようなものもあります。

　記憶に新しいところでは、一昨年（２０１３）、石田淳さんにマラソンを勧められました。

　石田さんは、行動分析学を日本人に適した形でビジネスに応用した「行動科学マネジメント」を確立した方です。またトライアスロンとマラソンを趣味とし、２０１２年にはサハラ砂漠２５０㎞マラソンを、２０１３年には南極１００㎞マラソンと南極トライアスロンに挑戦し、完走を果たしたという強者でもあります。

その石田さんとある懇親会でご一緒し、話をしたのですが、そこで「マラソン、いいですよ～」と勧められてしまいました。

石田さんの他にもマラソンをやっている経営者はたくさんいます。トップに立つ人たちがこぞってやっているスポーツだけに、無視するわけにはいかないとつねづね思っていましたが、僕はマラソンが大嫌い。

石田さんの趣味は知っていたので、警戒はしていたのですが、案の定「マラソン」が話題に上ってしまったのです。石田さんにとっては愛すべきスポーツでしょうが、僕にとっては最も嫌いなスポーツ。当然、そのときの僕のテンションは下がりっぱなしです。

しかしながら、石田さんは行動科学の専門家。さすがに引き込み方も巧みで「半年あれば、誰でもフルマラソンを走れるんですよ」と甘い言葉で誘ってきます。「誰でもって言うけど……」と懐疑的な顔をしていると、石田さんは寒暖の差が激しいサハラ砂漠で20キロの荷物を背負って走った経験を語り始めました。

「よくそんなことをやるな～」と口をあんぐりしていると、「今度はどこに行くと思いますか?」と聞いてきました。「サハラに行ったらもう行くところないでしょう」と答えると、石田さんは涼しい顔をして「いや、今年は南極へ行くんですよ」と言うではありませんか。

僕が石田さんにお会いした当時は、彼がまだ南極100キロマラソンに参加する前だったので、この話が出て来たわけです。

さらに石田さんは南極の次はアマゾン川流域をコースとするブラジル・ジャングルマラソンについても、挑戦するつもりだと話していました。

サハラ砂漠にしても南極やアマゾン川にしても、観光という目的ですら足を運ぶとなると心にブレーキがかかる場所です。そうした苛酷(かこく)な場所に大金をはたいて行き、わざわざ走ったりするなど、僕の想像の域を超えています。

それにもかかわらず、石田さんはマラソンのマの字も知らない僕に向かって、参加を促すような口調で話しかけてくるのです。そして僕が「普通のコースならまだしも、そんな苛酷な場所で走るなんてとんでもない」ともらすと、見計らったかのようにすかさず「じゃ、マラソンをやりましょうよ」と言いました。

サハラ砂漠、南極、アマゾン川流域と凄(すさ)まじい環境のなかで走る話をずっと聞かされてくると、普通のマラソンがあたかも簡単なもののように感じられるから不思議なものです。

その場には僕の他に2人の経営者仲間がいたのですが、なんと3人ともマラソンをやる気になってしまいました。他にもマラソンランナーからも声をかけられ、その話に乗る羽目になったのです。

石田さんによると、フルマラソンに頻繁に出る人であっても、日頃から42.195kmを走っているわけではないそうです。およそ半分の距離を走れるようになれば、本番で完走することはできるということです。

結局、練習中に膝を痛めてしまったうえに、その後に『一流の人はなぜそこまで、コンディションにこだわるのか?』(クロスメディア・パブリッシング)を共著者として出版することになったダイエットアカデミー代表の上野啓樹さんから受けたダイエット指導(2カ月で約10キロ減)では運動禁止であったためにフルマラソンへの出場は断念しましたが、そのルールのおかげで、それまで知らなかった世界を垣間みることができました。

たとえば、皇居の周りを周回する皇居ランナーになってみると、「え〜、こんなに走っている人がいるの？」「え〜、こんな都心に銭湯があったんだ」「え〜、銭湯で荷物を預かってくれるの？」と驚くことばかり。

自分の生活圏になかった世界に触れると、そこには自分が知る由もなかった情報があり、自分が知り得ることのなかったマーケットがあるのです。

〈人が集まるところにはとにかく行ってみる〉

話題の場所、行列ができる店など、世の中にはその時々で人が集まるところがあります。混雑を嫌う人、待つのが嫌な人は、「人気がおさまってから行こう」とか「行きたいとは思うけど、並ぶのはちょっと……」などと言うところでしょう。けれど、僕は逆です。

なるべく話題になっているうち、行列ができているうちに足を運ぶようにしています。

人が集まるところには、必ず人の心を引きつける何かがあるはずです。その吸引力となっているものを自分の目で確認し、多くの人が何を求めてそこに集まっているのかを肌で感じるために、混雑や待たされることを承知で、あえて行きます。なぜなら**意味もなく人が集まることはない**からです。

アイスクリーム屋が話題になっていれば、アイスクリームを食べたくなくても行きますし、人気のゆるキャラが来るといえば、ゆるキャラを見たくなくても行って見てみます。

ずいぶん前の話になりますが、青山フラワーマーケットが登場したときも、8坪で4億円の売上を出している繁盛店があるという噂(うわさ)を聞きつけるやいなや、渋谷(しぶや)の東急ビルの一角にあった店舗に出かけました。

僕には花など買う習慣もありませんし、そのときたまたま誰かに花をプレゼントしたいと思っていたわけでもありません。

花に興味があるとか、花を買いたいとかは、どうでもいいことなのです。僕はただ、繁盛している店がどんな商売をしているのかを知るため、そこに集まるお客さんがどんな人なのか、何に惹(ひ)かれてそこに集まっているのかを感じるために、青山フラワーマーケットに行きました。

当たり前のことですが**話を聞くのと、実際に見てみるのでは情報量がまったく違います。**まず僕が興味を持ったのは、赤い花、白い花、ピンクの花というように、花の種類ではなく色によって花を陳列していたことです。

僕は心に引っかかることがあったら、どうでもいいことのようであっても、とりあえず調べるようにしています。

そのときも「青山フラワーマーケット」で検索しました。するとさまざまな情報が出てきて、創業のきっかけやらショップのコンセプトまでが見えて来ました。

このように、実際に足を運んで、そこのルーツを調べてみるだけでもマーケットを知る勉強になりますし、自分が得たかった情報以上の興味深い情報に行き当たることがあります。

言葉を換えると、僕は自分の好奇心をあてにしていません。自分は世の中の事象の99・9％には興味がないと思っているから、ルール化したほうが楽なのです。

ファンの気持ちがわかるまで寄り添う

ここまで、僕の「好奇心のルール」について説明してきましたが、情報収集の際に大事にしていることは他にもあります。

世の中の人が、ＡＫＢ48に熱狂しているという現象が繰り返しテレビで放映されていました。メンバーがたくさんのCMに出て、ゴールデンタイムのテレビ番組にも出演、発売するCDは軒並みミリオンセラーとなり、ファンの中には同じものを何十枚も買う人がいると聞けば、「おや？」と思わずにはいられません。

ちなみに、僕は**カンニングをする際に、自分が評論家にならないように気をつけています。自分が好きか嫌いか、面白いと思うか思わないかは、意味がありません。**僕がどう思っていようが、AKBを支持する人が大勢いて、マーケットがAKBを評価している事実には変わりはないからです。

AKBとは何なのか？　どうしてAKBは人気があるのか？　どこがいいのか？　どうしてそこまでファンは熱狂的になれるのか？

これだけの疑問が湧き、心を動かしているのですから、探ってみるしかありません。

そこで僕はAKBのメンバーの名前を覚え、メンバーが出ているテレビ番組をチェックし、AKB関係の本を読み、主要な曲はとりあえず全部聴き、そのうえでコンサートにも行ってみました。

すると、いろいろなことが見えてきました。

「一人ひとりをよく見るとそこまでの美人はいない。でもみんなで集まると星座のように輝きを持つ」「全員がとびきりの美人だったらグループを作る意味はない。クラスに一人くらいいそうなかわいい子だから、親近感が湧く」「グループとしてくることで個の割合を減らし、仲間が入れ替わっても続くようなスタイルにしたんだな」「ファン自体の一体感がハンパない」など……。

そこに投票する人の気持ちがなんとなくでもわかるまで見てみると、ＡＫＢを支持している人のフィーリングや、プロデューサーの秋元康（あきもとやすし）さんがＡＫＢに施（ほどこ）した仕掛けがおぼろげにわかってきます。

このように特定の人気現象に関して情報を収集しようと思ったら、それを支持している人の気持ちに寄り添うことがポイントです。寄り添うことでその現象を形作る要素が摑めてきます。現象の核となる要素が摑めたらもう情報収集は完了です。あとは、何か大きな変化があったときにチェックしていけばいいのです。

マンガの『ワンピース』も、何人もの知人から「感動する」「おもしろい！」と勧められて読みました。勧めてくれた人たちは共感したくて、つまり僕にもワンピースのファンになってほしくて、勧めたのかもしれません。

僕の場合は、見事にハマって発売されているコミックスを全巻読破はもちろんテレビ放送も欠かさず見ていますが、特に漫画の場合は、おおよその世界観を掴むことが目的であれば、最初から読み進めていく必要もありません。

またエピソードによっても、気持ちが動くものとそうでないものがあるので、自分の興味を惹いたエピソードを選び、そのエピソードに関しては、ストーリーのみならず、登場人物のセリフまで言えるくらい読み込むのも手です。

そこまですると、『ワンピース』について人に語るときも、あたかもマニアであるかのごとく熱く語ることができます。

余談になりますが、すべてを網羅するのではなく一部を深掘りする方法は、たとえば著書の多い方と会う場合などに効果的です。短期間に全部をインプットすることは無理ですが、一つだけ読み込むことならできます。ある一冊を読み込み、「一番好きなのはこれです」と言えば、相手も「ちゃんと準備をしてくれているんだ」と気をよくし、スムースに話を進めていくことができます。

ある芸能人は、これを「知識のドーナツ化現象」という言葉で表現し、日ごろから意図的にやっていると公言していました。誰でも知っている真ん中はいらない。誰も知らない周辺をしゃべらないといけないと。たとえば、スポーツなら誰でも知っている中心選手ではなく、もうすぐ話題の中心になるような選手やマニアが好むような選手を一人だけ選んでその人のことだけを徹底的に覚えるというのです。そうすることで、その選手のことをＴＶで話題にするだけで「この人は、何でも知っている」と周りが勝手に思ってくれるそうですが、実際知っているのはそこだけというわけです。

気になったものはすべて携帯の写真に残す

好奇心の窓を広げて、さまざまな情報に触れるようにしておくと、感動するものに出会う機会が増えます。小さな感動もあれば、大きな感動もあり、ポジティブな意味合いでの心の動きもあれば、ネガティブな心の動きもあります。

僕はどんな類(たぐ)いの感動なのかといったラベル付けをする前に、写真に撮るようにしています。小さなことでも大きなことでも、いいことでも悪いことでも、**自分の感情が動いたら誰かに伝える前提で手当たり次第に撮影します。**

どうしてもメモが必要な場合はメモを取りますが、写真に収めることができるものであれば、メモは取らず撮影で済ませます。読んでいる本の中にいい言葉が出て来た場合も、メモを取ったり、書き写したりせず、心を動かされた文章に線を引いてページごと撮影し、写真として残すのです。

今はすべてiPhoneで撮影しています。同期するように設定してあるので、iPhoneで撮ったこれらの写真は、パソコン上でも同じように見ることができます。

ただし撮影した写真は単純にストックするだけで、被写体に関する説明は記しません。感動したものであれば、写真を見るだけでそのときの様子が蘇り、撮影したときの状況なども自然と思い出されるからです。

旅行の写真も、自発的に撮影したくて撮影したものは、写真を見ただけで、それがどこなのか、そのときどんな天気だったのか、どんな心情だったのかということまで思い出すことができますよね。それと同じです。

ストックした写真を定期的に見直すこともしていません。何かの拍子に「そういえば、あれおもしろかったよね」「あそこの貼り紙、なんて書いてあったんだっけ」と思い出したときに、その写真を探して、引っ張り出してくるのです。

思い出したということは、自分が張っているアンテナに何か引っかかるものがあったということ。写真から得たインスピレーションを手がかりに、その時点で気になっていることについて調べればいいわけです。照準を絞ってシャッターボタンを押すという単純な行為でも、心の記憶に残りやすくする効果があります。

もちろん、ストックした写真すべてが、必ず何かの役に立つのかというと、そういうわけではありません。保存されたまま一度も見返されることなく、アルバムの中で眠っている写真も多々あります。

いつ役立つのか？　何に役立つのか？　どう役立つのか？

つねづね結果を求められているサラリーマンとしては、自分がやることについても即効性や結果を求めてしまいがちです。

しかし、腐ってしまう食材と違って、写真はストックしておくことができます。場所もとりません。**カンニングをする際には、今すぐ結果を求めないという心構えを持つべきです。**

いつ役立つのかわからない情報に対して、どれだけ自分が目を向けられ、コミットできるかが重要なのです。

たとえば、僕が撮った写真の中には、次のようなものがあります。

〈ウォルマートのレジ〉

ウォルマートは、アメリカのアーカンソー州に本部を置く世界最大のスーパーマーケットチェーンです。サム・ウォルトン氏が１９６２年に小さなディスカウントストアーを開業し、その後、「エブリデイ・ロープライス」というキャッチフレーズで徹底的な低価格を追求し、急成長を遂げました。日本では西友を子会社にしていることでも知られています。

アメリカに行ってウォルマートを覗いたときに、僕はレジの様子に感情が動きました。そこですぐに、携帯で撮影しました。

ありきたりなレジの様子をなぜ撮影したのかというと、ウォルマートでは、一般のレジとは別に、購入するアイテムが少量のお買い物、たとえば10個以下の人のために「エキスプレス」専用レーンを設けていたからです（だいたい10品目以内が目安で、お店によって異なります）。

スーパーのレジに並んだら、自分はビール１ケースしか買わないのに、自分の前に並んでいる主婦は肉やら野菜やらパンやらお菓子やら調味料やら洗剤やら、かご一杯に積みあげている。ビールを1ケース買うために、自分はいったいどれだけ待つのだろう?

こうした経験をお持ちの方は少なくないはずです。早くしてほしい、と思ったところで、順番抜かしをするわけにはいきません。通常はレーンに並び、イライラしながら待つしかないわけですが、これでは商品からレジまでの距離が近いコンビニにますます顧客がなびいてしまいます。ウォルマートのように10個以下の専用レーンがあれば、少数アイテムの買い物客にとっては、待ち時間を大幅に短縮することができます。

「なるほど!」と思ったので、風光明媚とはいえない場所でしたが、写真を撮りました。

さらに、ウォルマートの入口にいる「グリーター」と呼ばれる挨拶係が目に付きました。人件費は削りたいところなのに、なぜ挨拶係などを置くのだろうと思って調べたら、グリーターは万引きを防止するための対策要員だったのです。

アメリカに限らず、日本の小売店でも万引き被害が後をたたず、経営に大きなダメージを与えています。万引きを防止するためにコストをかけて、警備員を巡回させたり防犯カメラを設置したりしているのが現状です。

経済産業省が発表した商業統計によると、対象となる小売業事業所の年間売上高は98兆2044億5100万円（2009年調べ）。同年度の売上損失や割合を計算すると、全国で一日あたり約12億6000万、万引き被害総額は年間で約4615億円と推定されています。

しかも、実際に検挙されているような被害は1割と言われており、9割が検挙されていないのが実態とのこと。検挙されていない被害を含めるとこの10倍の約4兆6000億円にまで損失が膨らむのではないかとも言われています。

とはいえ、万引きするのはほんの一握りの人であり、顧客の大多数は万引きをしません。スーパーに足を運んだ人すべてを疑うような施策は、顧客の気分を害します。

しかも、顧客の財布の紐が緩むのは、非日常空間で心が躍っている瞬間です。

顧客の気分を害することなく、非日常を堪能してもらい、しかも万引きする一部の人の心にブレーキを踏ませるよう、ウォルマートではグリーターを配置したのです。

グリーターは来店した買い物客にショッピングカートを渡しながら挨拶をします。

この時点で買い物客は自分がゲストとして扱われることに満足感を覚えます。名前で呼ばれれば、その満足度はさらに高まります。グリーターは店内の案内をしたり、顧客の返品手続きをしたり、購入した商品を顧客の車まで運ぶことさえあります。

一方、万引きをする人にとって、グリーターの存在は監視員のように感じられます。入るときに挨拶され、出るときにも挨拶されたら、終始観察されているような気持ちになり、万引きをする気が薄れるというわけです。

レジを撮影した1枚の写真がきっかけで、期せずしてスマートな万引き防止策についての情報まで得ることができました。

これを日本で応用するとしたら、ショッピングモールを巡回している警備員がその仕事を担(にな)うのも手かもしれません。ウォルマートのグリーターの役割だけでなく、混雑するレストラン街の予約状況や混雑状況を共有化し、レストラン選びのガイド役を買って出る手だってあります。警備目的には規制もあるのでしょうが、誰のためにその存在があるのかを考えずに規制ありきで仕組みを作ってしまうと、本末転倒のじり貧が待っているだけです。言うまでもなく、この取り組みをやってサービスへの関与にシフトする場合は、いまの警備員の制服は不向きです。

〈スターバックスのブラックボード〉

スターバックスは1971年にアメリカ、シアトルで生まれたコーヒーショップで、今や世界規模でチェーン展開しています。

スターバックスのコンセプトは「The Third Place」。簡単に言うと「自宅でもない、職場でもない第3の場所として、心地いい空間と時間を提供する」というものです。書店とコラボしたり、店内の音楽に拘（こだわ）っていたりするのも、第3の場所としてゆっくり過ごしてもらいたいから。お客さんの回転率で勝負するファストフード店とは、そもそも入り口のコンセプトから異なるのです。

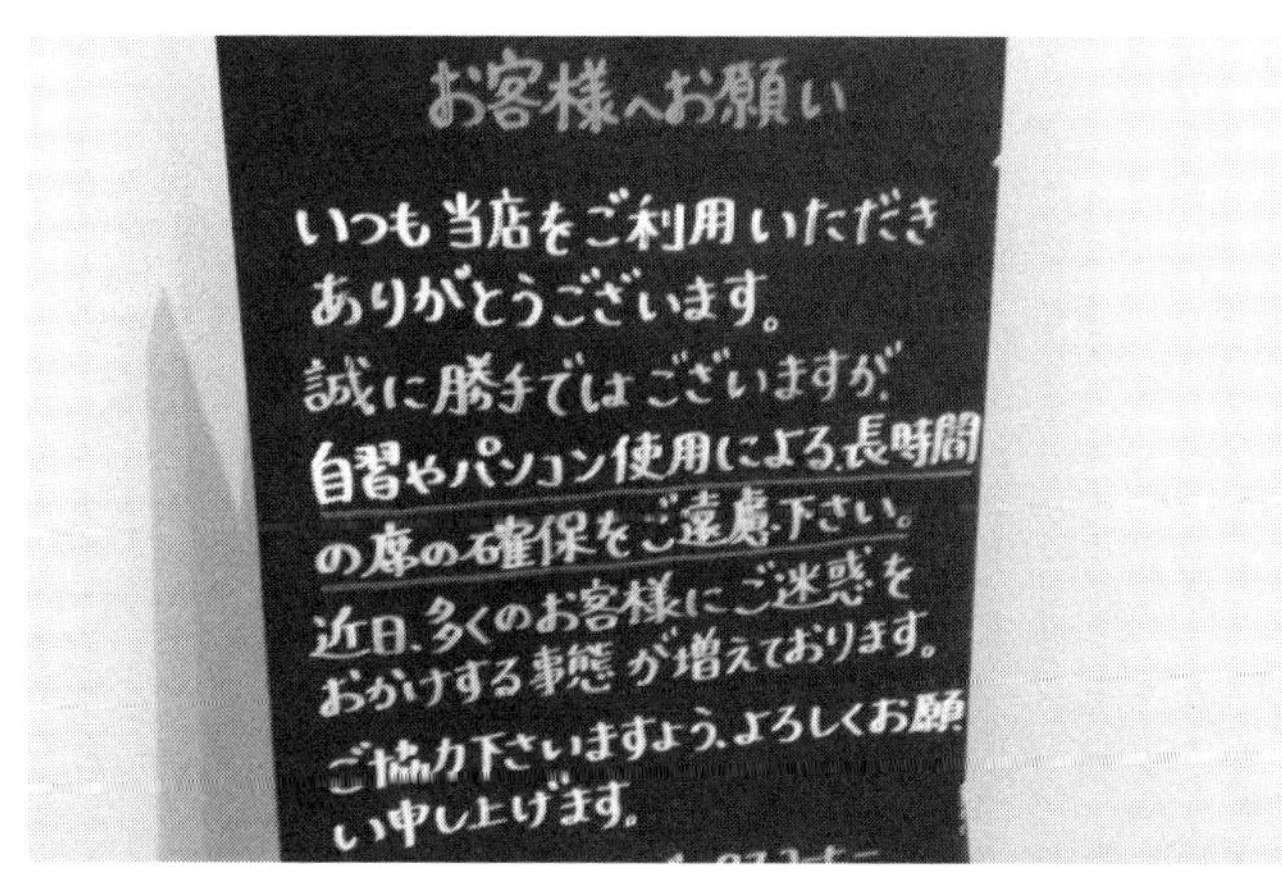

このブラックボードの文面のどこに、大きな違和感を抱いたのか？

ところが、地方のとあるスターバックスのお店に行ったときに、写真（前ページ）のようなブラックボードが店頭入り口に置いてあったのです。

「自習やパソコン使用による長時間の席の確保をご遠慮下さい」

スタッフの手書きによる親しみのこもった見た目です。

しかし、僕は大いに違和感を抱き、このブラックボードを撮影しました。

確かに座席数の限られる店内で、長時間パソコンを持ち込んで席を独占されてしまうのは、他の客に支障がでることもあります。とはいえ、世界共通のコンセプトが、ローカルビジネスの発想に成り下がってしまってはいけません。

もしも自分がスターバックスの本部の人間だったらどうするか？　ブラックボードから感じた違和感を端緒に、僕は、スターバックスのコンセプトやイメージを崩すことなく、顧客に長時間滞在していることに気づいてもらうためにどんな取り組みをすればいいかについて考えました。確かに、本部の崇高なコンセプトとは裏腹に、どこのスターバックスも席が取りづらいからです。

学生の場合は正解をカンニングしなければ意味がありませんが、サラリーマンの場合は、このブラックボードのような「反面教師」の事例でもカンニングの対象となります。そこから引き出したことを、自らのビジネスの血肉とすることができます。

　スターバックスに頼まれたわけでもないのに、もし自分が当事者だったらどうするだろうかと考えを巡らせていたら、もうすでに実行している取り組みとの相乗効果で、解決の糸口が摑めることに気づきました。

　スターバックスでは、小さな紙コップに入れたいくつかのコーヒーをトレイに載せ、スタッフが店内を持ち歩きながら、着席している顧客を中心に試飲してもらうサービスがあります。

　この試飲サービスは顧客が次に来店した際に、新たな選択肢にしてもらうためのアピールです。しかし、店頭入り口に置いてあったブラックボードから得たインスピレーションから、新しい発見がありました。

　スタッフは、試飲という行為をしながら、店内の状況を整えることもできます。これを定期的にやれば一石二鳥になるのではないかと考えたのです。

　たとえば、1時間おきに試飲サービスに回った場合、長時間滞留している顧客は、1回目は紙コップを快く受け取り試飲をするでしょう。ところが、2回目、3回目とスタッフが回ってきて紙コップが机上に並んでいくうちに、自分が長時間滞留していることを認識せざるをえません。そして「そろそろおいとましなきゃ」という気持ちに自然となるのではないでしょうか。

つまり、コーヒーの試飲というスタイルをとることで、スターバックスのコンセプトを崩すことなく、顧客の入れ替えを図っていけるのです。

もちろんこれは僕の勝手な仮説にすぎません。そうなるかどうかも定かではありませんし、もしかしたら、スターバックスがすでに意図してこのことをやっているのかもしれません。

しかしながら、カンニングをするうえでは、当たっているかどうかについて関知する必要はまったくないのです。

ブラックボードであれ、なんであれ、感情が動いた事象にフォーカスし、それについてあれこれ考えを巡らせ、何かを引き出すことがカンニングの真意です。

テレビを見るときは片手にスマホ

視聴率が低迷し、以前ほど影響力を持たなくなったテレビではありますが、見ていればそれなりに引っかかってくる情報はあるものです。

先日もあるバラエティ番組を見ていて、有名人のお祝いコメントを請け負う会社があることを知りました。披露宴で流れるビデオレター。通常は、出席できない親族や友人が「結婚おめでとうございま～す！」とメッセージを送るわけですが、これを何の縁（ゆかり）もない有名人にやってもらうというのがお祝いコメントです。

新郎新婦にとっては披露宴会場を盛り上げるための楽しい演出になりますし、芸人にとっては簡単に稼げるよいバイトになるはずです。

おもしろい商売を考えるものだと思った瞬間に、僕の頭には「いったいどんな会社がやっているんだろう？」「芸人のラインナップは？」「コメントの相場は？」といくつものクエスチョンマークが浮かんできました。

僕は湧き上がった疑問をそのままにしておけない質（たち）ですから、さっそくiPhoneで検索してみました。売れている人は忙しいですし、断ることで有名人としての価値も上がるので、お祝いコメントで頼める有名人は、駆け出しの芸人か、かつて人気があったもののテレビですっかり見かけなくなったというような芸人がほとんどです。

そうした中で、いちばん高い値段がつくのは、嘉門達夫（かもんたつお）さんでした。なぜ嘉門さんなのかというと、彼は新郎新婦の名前を織り交ぜた替え歌を歌ってくれるからです。オリジナリティが付加価値となっているわけです。

「そんなことを調べて何になるの？」と思われるかもしれませんが、**あるひとつの情報がどう化けるかは誰にもわからないことです。**逆に言えば、見た瞬間に何かに結びつくような情報は大したものではありません。なぜなら、それは目の前にあるもの同士の組み合わせにすぎず、これまでなかった新たなものに化ける可能性は極めて少ないからです。

情報収集で大事なのは、**一見無意味に見える情報、いつ何の役に立つかまったくわからない情報を、どれだけストックできるか**ということです。いつ起きるかわからない問題に、いつ役立つかわからない情報が組み合わさったときにこそ、双方のボリュームが膨らみ、マッチング力が高まり、そこで起こる反応や生まれる効果が計り知れないものとなるのです。

ところで、僕はある特定の番組を定期的に見るという習慣はあまりありません。ただし、何の目的もなくテレビを見ているときであっても、必ずiPhoneを片手に持ち、少しでも引っかかったこと、気になることがあったらテレビ画面をそのまま写メに撮ったり、即座にネット検索したりして、そこから引き出した情報をストックしています。

また、場合によっては気づいたことを携帯にメモしたり、ネット情報を携帯にコピペしたりします。

その場合のポイントは、携帯にまとめるということ。**「あの情報、どこに書いたっけ？」と後から探すことほどばかばかしいことはありません。**情報はすべて携帯に収納する、と決めておけば、その携帯のどこかに必ずあることになります。

必要な情報は絶対にここにある（必ずしも携帯である必要はありません）という安心感によって、作業能率がアップするのです。

【一号店を調べると、ビジネスセンスが磨かれる】

ブランド、経営方針、サービスの内容などに統一性を持たせ、多数の店舗の運営や管理を行う経営形態を持つチェーンストア。前述したマクドナルドも牛丼の吉野家も、それぞれ日本全国に多数の店舗を展開するチェーン店ですが、アメリカ生まれのマクドナルドにも日本第一号店があり、牛丼の吉野家にも第一号店があります。

どの店舗でも同等のサービスを受けられることがチェーンストアの特徴ですから、一号店も他の店舗と何ら変わりがないはずです。しかしながら、一号店の成功がなければ、他のどんな店も生まれることはなかったと考えると、一号店の存在は非常に重要になります。

日本マクドナルドの創業者、藤田田(ふじたでん)氏は、第一号店をグルメが集まる銀座の一等地に出店することにこだわったと言われていますし、吉野家も旨(うま)いものを知っている人が集まる場所、築地(つきじ)の魚河岸に一号店を構えたと言われています。

全店舗の原点であり、創業者の思い、出店にまつわるストーリー、ビジネスツールがすべて詰まっているのが一号店。

だから、僕はあるチェーンストアが気になったら、そのルーツを探るべく、必ず一号店を調べることにしています。

ちなみに、僕も3店舗のオーナーをしているFCチェーン店舗は、ここ3年で店舗数を10倍に伸ばしています。

一号店が生まれたのは業態変更からです。そこは、古くからある業態の一つであり、何十店舗もあるうちの最も業績の悪い店舗だったといいます。テナント契約もそろそろ切れるし、撤退もやむなしというところまで追いつめられたときに、「今までのサービスに付随して取り入れていたサービスの評判がいいから、そのサービスだけ単独でやってみよう」と業態チェンジを図りました。これが、評判を呼んだので専門店化したのが始まりだったのです。

瀕死（ひんし）の状態にあった店舗が、プラスαとして提供していたサービスに特化することで起死回生を図り、さらに創業から4年で70店舗を超えるチェーンストアに成長したのです。

ビジネスの種はどこに潜んでいるかわからないものです。何がどう化けるのか。一号店は、それを如実に語ってくれます。

こうした誕生秘話は実際の店舗に足を運ぶまでもなく、インターネットで検索することで得られる情報ですから、僕は思い立ったらすぐに調べるようにしています。

今や大ヒット商品となったポカリスエット。日本中に浸透しているこの清涼飲料水は、さぞ研究に研究を重ねて誕生したものだと誰もが思うところです。

しかし、意外にも手術を終えた医者が、栄養補給に点滴液を飲むのを大塚製薬の技術部長が見たことから着想したと言います。

また、1969年のことです。化学メーカー3M社の研究者は、接着力の強い接着剤の開発要求を受けました。しかし、できあがった試作品は結果は期待していたものとはまったく異なり、なんとも奇妙な接着剤。くっつくと剝(は)がれてしまうのです。明らかな失敗作です。

通常、こうした失敗作は廃棄されます。しかし、開発者はその予想外のことに可能性を感じ、社内のあらゆる人たちにこの発見を紹介して回りました。

そして5年後の1974年。教会の聖歌隊のメンバーであった開発者は、いつものように、日曜日に教会に行き、讃美歌集のページをめくりました。すると、目印に挟んでいたしおりがひらりと滑り落ちてしまったのです。その瞬間、頭の中に「これだ！」と閃いたのがポストイットの誕生に繋がります。

このように、世に流布（るふ）するものの誕生秘話を調べてみるだけでも、ビジネスセンスは磨かれます。その結果、大人のカンニングのコツを体得するきっかけになるのです。

【続いているものには価値がある】

僕が気になるのは、一号店だけではありません。

長く続いているものにも、興味があります。

たとえば、「R25」。この雑誌は２００４年7月1日に創刊され、以来10年を経た今も続いており、世間的にも広く認知されています。広告収入だけを元手とし、10年続いているということは、それだけの価値があるのです。

企業が一つのことを続けるということは、そこに何らかの価値があり、利益を上げているからに他なりません。価値がなければ、続くだけのパワーは生まれません。つまり、**続いているということは、それを支持する誰かがいるということ。**長く続いている雑誌を定点観測をしていると、発行サイドの迷いや狙いも手に取るようにわかるようになります。

たとえば、雑誌の後ろのカラーページに毎回載っている「お金持ちになる財布」。僕にしてみれば、「こんなお財布を買う人いるのかな？」と疑問に思いますが、買う人がいるからこそ、高いお金を払い、目立つ場所にカラーで広告をだしているのです。

たとえ自分にとって何の価値も感じられないものであっても、「続いているものにはそれを支持する人がいて、価値がある」と見て間違いありません。

なぜ続いているのか、どういう層の人に支持されているのかについて、自分なりに思考を巡らせることは、カンニングの絶好のトレーニングになります。

この能力を身につけるトレーニング

〈他業種を見る〉

情報を収集するというと、つい自分のいる業界の中で目新しい出来事や事柄を探してしまいがちです。しかし、それでは得られるものは限られてしまいます。

「うちの業界は特殊だから」というのはどの業界の誰もが言う言葉。特殊であることを言い訳にして、他業種を見ようとせず、自分の業界しか見なかったとしたら、アイデアは頭打ちとなり、ビジネスセンスは枯渇してしまうでしょう。

入社した当初は同業他社を研究すべきですが、2～3年同じ業界にいて、上司に言われたことをやっていれば、自然と同業他社の研究はできているはずです。**ある程度経験を積み、ルーティンワークができるようになったら、見るべきものは同業他社ではなく、他業種です。**他業種だけを見ていても、結果的に同業他社の研究になるのです。

僕がかつてサラリーマンだった頃、社内研修を担当したことがあるのですが、その際も、他業種の店舗を見学に行かせました。

店舗見学を行ったのは東京、福岡などの大都市です。行列のできる店、長く続いている老舗など、事前に現地の人の情報を得て回る店舗を10軒ほどピックアップし、それらを一人ずつバラバラに回らせました。何人かでつるんで行くと、修学旅行のようになり、顧客目線でリサーチできなくなるからです。

行列のできる店には人が集まるだけの理由があり、歴史ある老舗には長く続くだけの理由があります。1店舗や2店舗回ったくらいではたいした発見はできなくても、そうした店舗を10店舗くらい回ると、見えてくるものが必ずあるはずです。

なぜなら、他業種の店舗を10店舗も回るというのは非日常だからです。10店舗の中には地元でよく行く類いの店舗もあるかもしれないけれど、普段自分では行きもしないような類いの店舗も必ずあります。

普段は行かない店に行き、非日常を体験することが外部刺激となり、そこからセンスの卵みたいなものが生まれてくるのです。

店舗をリサーチしたあとは、皆で集まりディスカッションです。どういう発見があったのか、アウトプットするわけです。同じ店を回っているのに、全然違う角度からの発言があり、それもまたお互いの刺激になります。

個々の発言に対する評価はしません。評価をしてしまうと、あたかも答えがあらかじめ用意されていたかのようで、スケール感がなくなってしまうからです。たとえば僕が問題を作りそれに則って評価をしたら、僕の発想力を超えた解答は救済されないことになってしまいます。

情報収集をする際は、他業種を見ること、そして発想力に自分で天井を作らないことです。

答えを求めず、自由に感じ、自由に思いを巡らせてほしいと思います。

この章のまとめ

●インターネット社会の今、情報はどんな人にも平等に与えられている。しかし、情報収集力は人によって異なる。

●自らの感動のレベルを上げ、感情が動きやすくなると、情報を敏感に感知するようになり、より効果的な収集ができる。

●感情が動きやすい仕組みを作ることは可能。好奇心をルール化すればよい。

●感情が動いたものは、携帯の写真に残す。

章

情報変換力

サラリーマンの
カンニング・ステップ2

……既存の情報から「これまでになかったアイデア」を生み出す

情報を使いこなすには「下ごしらえ」が大事

よい食材が豊富にあっても、そのままでは食べることはできません。おいしく食べるためには、皮を剝(む)いたり、切ったり、場合によっては冷やしたり冷凍したり。ソースに漬けておいたり。下ごしらえですね。

情報も同じことです。ストックした情報を引き出してきても、そっくりそのまま使うことはできません。自分の仕事に応用するためには、それらの情報を自分の仕事に合ったものに下ごしらえしておく必要があります。

情報の場合、下ごしらえに当たるのが「変換」です。既存の情報を変換することで、これまでになかった新たな発想が生まれるのです。

同じ牛肉でも、ブロックのまま料理するのと薄くスライスしたのを料理するのでは、味わいがまったく異なります。魚にしても、切ったものをすぐに使うのと漬け汁に漬けておくのでは、まったく別の料理になります。

同じ情報でも、変換の仕方で生まれてくるものが変わってきます。

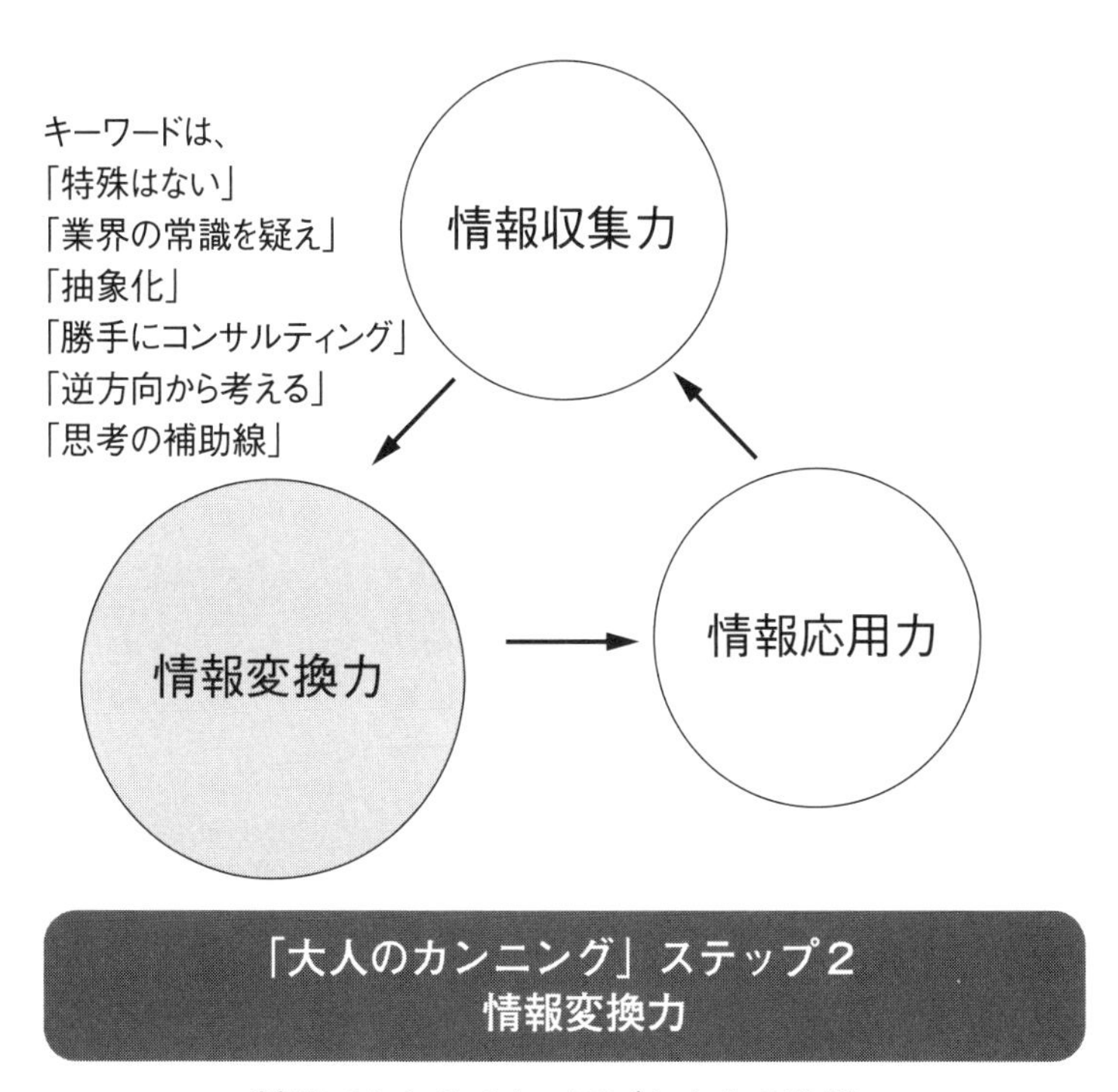

「大人のカンニング」ステップ２
情報変換力

料理でたとえると、下ごしらえの段階。
自分の仕事に使えるように、加工する。

もちろん正解はありませんから、変換方法にもこうしなければいけないといった決まりはありません。人の数だけさまざまな変換の方法があって然(しか)るべきですが、本章では、僕が情報変換するうえでポイントにしていることを、実例を挙げながらご紹介していきます。

【「特殊はない」と柔軟に考える】

ひとつ目のポイントは、変換力における大前提、考え方の基本ともいうべきことですが、「特殊はない」というスタンスです。

「うちの業界には当てはまらないんですよ」「うちの業界は特殊ですから」といった言葉をよく耳にします。特定の業界の人だけが言うのならまだしも、メーカーに勤める人も、IT企業に勤める人も、出版社に勤める人も、飲食業に携わる人も、口を揃えて自分の業界を「特殊」だと言うのですから不思議な話です（89ページ参照）。

では、実際に「特殊」なビジネスなどあるのでしょうか？

ビジネスは売り手と買い手が存在することによって成り立っており、業界によって何を売るのか、誰に売るのか、どう売るのかという違いはあっても、その成り立ち自体に変わりはありません。

つまり、ビジネスに「特殊」はないのです。

「自分の業界は特殊だから」と言って、他の業界を何も見なかったとしたら、その業界の常識の中から出ることはできません。せっかく手に入れた情報を「自分の仕事は特別だから使えない」と無視してしまうのは、とてももったいない。「自分の業界は特殊」という前提に立ったところで、得することは一つもないのです。

業界の垣根を取り外して、ストックしてある情報を縦横無尽に組み合わせ使いこなす柔軟性が大事です。むしろ、入手した情報はどんなものであっても自分の仕事に変換してみせる。このくらいの心構えが必要です。

1章でご説明したように、ヤマト運輸はまったく異業種の牛丼チェーンから、ビジネスの発想を得ました。

〈タクシー業界の大問題はスーパーマーケットの事例で解決できる〉

僕も、小売業界の事例をタクシー業界に結びつけて、あるアイデアを思いつきました。

それは、複数の知人から同じような話を聞いたことがきっかけで生まれたものです。

それぞれ個別に聞いたにもかかわらず、皆口々に同じような苦情をもらしていました。「近距離でタクシーを利用したら、運転手の接客態度が悪かった」「ワンメーターしか乗らなかったら、舌打ちされた」と。

僕自身はそういう体験をしたことはないのですが、別々の場所で、別々に乗った何人もの知人から似通った話を聞いたので、僕の情報フォルダに入っていたわけです。

タクシー会社では「お近くでもどうぞ」を建前にしており、実際、ワンメーターであっても喜んで走ってくれるタクシー運転手もいないわけではありません。自分が乗車するのであれば、距離にかかわらず気持ちよく走ってくれる運転手を選びたいところです。

しかし、タクシー乗り場には「小型車」「中型車」「大型車」といった車格の分類はあっても、「近距離歓迎」とか「長距離対応」などといった利用距離による区別はありません。

都内では優良運転手の専用レーンを設けているところもありますが、どの乗り場にもそうしたレーンがあるわけではありません。通常の場合、利用者は運転手を選ぶことはできず、近距離でも気持ちよく乗せてくれる運転手かどうかはわからないままタクシーに乗り込み、時として心ない運転手から悪態をつかれることになるのです。

どうすれば、近距離の利用であっても気持ちよくタクシーに乗車することができるのか?

この問いを自分に投げかけたときに、ふと浮かんできたのがウォルマートのレジでした。2章でご紹介した、購入する商品が少数の人が並ぶレジの専用レーンです。

ウォルマートのレジのように、乗車距離に応じてレーンが分かれていたら、乗客はワンメーターだからといって、運転手から舌打ちされることなく快適に目的地まで行ってもらうことができるはずです。

タクシーの運転手にしても、全員が長距離の利用客を歓迎しているわけではありません。勤務終了間近の運転手であれば、逆に長距離利用のお客は乗せたくないでしょう。短距離の利用客を何度も乗せ、回転率で稼ごうと考える運転手もいるはずです。

何人もの人から同じような話を聞かされたということは、世の中に共通の不満、いら立ちが存在しているということです。もしかすると、タクシー乗り場の現状の区分は、乗客にとっても運転手にとっても、実状に沿っていないのかもしれません。

人から聞いたタクシー運転手の話から、タクシー乗り場の区分にまで考えが及んだのは、ウォルマートのレジで専用レーンの存在を見て、感心したという経験があり、それが僕の情報フォルダの中に収められていたからです。

タクシー業界と小売業界はまったく異なります。しかし、小売業界の事例をタクシー業界に応用することは十分できるので

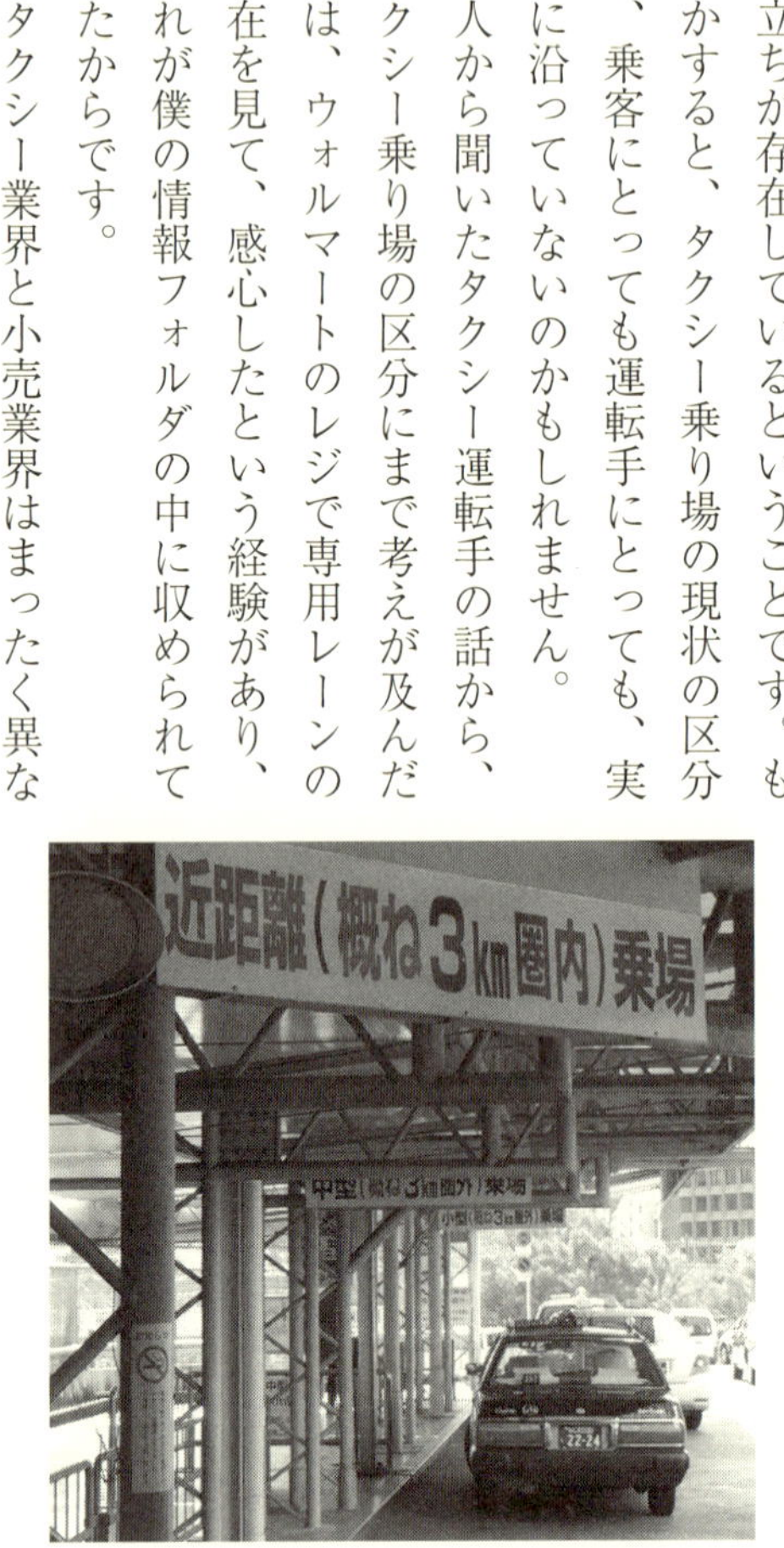

「距離」で区分けしているタクシー乗り場、発見！

す。

そんなことを考えていたら、ありました。大阪に実際に距離で区分けしている場面に出くわしました。なにも考えていなければこの情報を目にしても気にすることはなかったと思います。

【業界の常識を疑うことが大事】

「好きこそ物の上手なれ」といいますが、僕は**「自分の好みで仕事を選ばない」ことを自分のルールにしています。**自分の好みをフィルターにしてしまうと、仕事の幅が狭まり、自分の可能性も広がっていかないからです。

好きなことなら夢中になり、情熱を注げるから成果を生みやすいのでは？と思われるかもしれませんが、ビジネスの場合はそうとも限りません。移ろいいく人の好みなんてあてにせず、距離をおき客観的な視線を持つことで、従来のその業界の常識を疑うことができ、新たな発想を持ち込むことができるというケースもあるのです。

〈「花が好きではない」から業界の常識を否定できた青山フラワーマーケット〉

そうした事例の一つが、2章で説明した青山フラワーマーケットです。社長の井上（いのうえ）英明（ひであき）氏は「別に花が好きだったわけではない」とはっきり言っておられます。

「花が好きだったわけではない」井上氏が、花屋をチェーン展開することになったきっかけは、あるイベントで使う花を買いに行ったときの「驚き」でした。

「このバラは1本800円もするの？」「え！　卸値は100円なの？」と井上氏の感情が大きく動いたのです。

なぜ100円で仕入れた花が800円で売られるのかといえば、花は生鮮品であり、売れ残れば古くなり、廃棄するしかなくなるからです。暴利を貪（むさぼ）るというよりは、廃棄ロスを見越して価格に転嫁しないとビジネスとして成り立たないというのが、従来の花屋の常識だったのです。

裏事情を知り、普通の人なら「そうなんだ。それが花屋の常識なんだ」と納得して終わるところですが、井上氏は違っていました。業界の常識をカンニングしたうえで、それを疑ったのです。

「ちょっと待てよ」と受け流さず立ち止まり、「廃棄ロスさえ防げれば、粗利2倍でも十分売れるんじゃないか」と頭を巡らせました。

そこから花屋について調べてみると、冠婚葬祭用の高価な花は廃棄率が高いことがわかりました。つまり高価な花の廃棄率を見越して他の花の値段が設定されているから、1本の単価が高くなるという花屋のからくりが見えたのです。

井上氏は、冠婚葬祭用の高価な花を置かなければ、他の花の値段を安くすることができるのでは？　と閃きました。

一方、花が好きだったわけではない井上氏が、テーブルフラワーの需要に目をつけたのには理由があります。自身がパリに行ったときに、ホテルの部屋があまりにも殺風景だったため、街で花を買って来て置いてみたら、気分が高揚したという経験があったのです。

冠婚葬祭やイベントではなくても、日常使いで花を必要とする人はいるはずだ。いや、日常のテーブルにこそ花を添えたい、と。

こうしてデイリーユースのテーブルフラワーに特化した新たなスタイルの花屋、「Living with Flowers Everyday」をコンセプトに掲げる青山フラワーマーケットが誕生しました。

ちなみに、井上氏は自分が考えた花屋のモデルがビジネスとして成り立つのかどうかを見極めるために、5年間行商で試したそうです。その間に店舗のスタイルを整え、「これで行ける」と確信を得て店舗展開をしたのです。

〈空前のヒットとなったセール割引率とは？〉

常識を疑う好例として、大成功となったイトーヨーカドーのセールがあります。

イトーヨーカドー90年以上の歴史の中で、空前のヒットとなったセールの値引率は何％か、ご存知でしょうか？

50％？ 80％？

いえいえ、5％です。

消費税が3％から5％に上がったとき、鈴木敏文（すずきとしふみ）氏はイトーヨーカドーで「消費税分5％還元セール」を提案しました。イトーヨーカドーでお買い上げしたレシートから消費税分をキャッシュバックするという仕組みです。

その際、社内の多くの人たちは反対しました。その理由は、「10％引きや20％引きのセールでもなかなか売れないのに、たった5％では効果が見込めない」。

そこで北海道に限定して実施したところ、前年比で40～60％ほど伸びました。翌週に全国に拡大したらニュースでも大きく取り上げられ、一大ブームのようになり、他の小売業でも同様のセールが行われました。このブームは、半年くらい続きました。

これは、なにを意味するでしょうか？

〝共通の敵を見つけましょう〟ということです。

その頃、消費者は消費税が上がることに神経質になっていました。

そんなときにその消費税をなきものにしてくれる（ように見える）スーパーが現れた。まさに、正義の味方です。

割引率だけで見てはいけない、数字が持つ業界の常識にとらわれてはいけないという好例です。社内の反対の声（業界の常識）にしたがっていたら、このようなブームは起きなかったのですから。

消費税還元セールには、後日譚があります。

その後、他のスーパーも追随して社会現象になったことから、政府は「消費税還元セール」という触れ込みを禁止するにまで発展しました。政府が小売りの販促の表現方法に口出しするくらい反響があったということです。

政府の方針で禁止となった消費税還元セール。

消費者庁は2014年4月1日以後、明らかに消費税上昇分を値引きする旨をうたうセール等は、「消費税転嫁対策特別措置法」という法律で禁止することになりました。

消費税分を値引きする宣伝や広告、「消費増税分は転嫁しません」、「消費税率上昇分値引きします」、「消費増税相当分、次回の購入に利用できるポイントを付与します」等の表示を禁止したのです。

しかし、そこは世の中の血液たる商売人です。常にアイデアを考えます。

株式会社はなまるが経営する「はなまるうどん」では、「うどんで時代に立ち向かう」というキャッチフレーズで「全うどん、8％増麺。」というキャンペーンを展開しました。もちろん、このキャンペーンの実施時期は、消費税が8％に増税されたタイミングに合わせた2014年4月です。

世論を味方につけるのは、そう考えるとそれほど難しいことではありません。

世の中の関心を知り、そこの分野で消費者の味方になるために、仮想敵に向かって行く演出をしていくのです。まさに、敵の敵は味方ですね。

人は「好きか嫌いか」を判断基準にしたがりますが、ことビジネスにおいては「好きか嫌いか」のフィルターは脇に置き、「商売になるかどうか」「マーケットがあるかどうか」というセンサーを働かせるべきです。同時に、その業界の「常識」を疑う力も必要です。

【抽象化するレベルにまで落とし込む】

「ザクとうふ」をご存知でしょうか?

群馬県の相模屋食料が製造販売している豆腐ですが、見た目がかなり変わっています。テレビアニメ「機動戦士ガンダム」にでてくるモビルスーツ「ザク」の形をしていて、色も、アニメのザクと同じ緑色です。

この豆腐が大ヒットしたことで、相模屋食料の知名度は飛躍的に向上しました。

ここで大事なのは、

「なぜガンダムではなくて、ザクを豆腐にしたのか?」

と疑問を抱き、自分なりにその理由を考えることです。

答えは実は簡単で、主人公のガンダムは一機しかあってはいけないのですが、ザクは量産型モビルスーツなのでいくつあってもいいのです。ガンダムファンであればあるほど、量産型のザクでないと納得できないわけです。


「ザクとうふが大ヒットしている」だけだと、新しい情報を入手しただけです。ここで終わっては、もったいない。

それに対して、「なぜガンダムでなくてザクなんだろう」と疑問を抱き、その答えを考えることで、ファンが納得するために

なぜガンダムではなくザクが豆腐に？　そこには明確な理由があった

はどうしたらいいか、というレベルの考えに到達できます。

情報を入手したら、このような「抽象化」が大事です。**表面的な知識で終わることなく、そこに疑問を感じて抽象的なレベルにまで落とし込む。**そして、必要に応じてその抽象レベルを使いこなす。そうすることで、自分の仕事に使えるようになります。

もちろん、最初から抽象化を行うのは難しいと思いますが、「なぜだろう?」「なぜヒットしたのだろう」「なぜこっちではなくてこっちなんだろう」とさまざまな疑問を抱き自分なりの答えを考える。ここから始めましょう。最初に説明したとおり、その答えは必ずしも正解でなくていいのです。ヒットの現象を抽象化しようとする姿勢が大事です。

ここまで説明してきた「特殊はないと柔軟に考える」「常識を疑う」「抽象化のレベルにまで落とし込む」は、情報を入手する際の基本的な姿勢です。

ここからは、入手した情報を変換する際の、具体的な方法論を説明したいと思います。

【「勝手にコンサルティング」の習慣を身につける】

さまざまな情報をストックしておくと、プライベートで出かけた旅先でも、ふとしたことからアイデアが浮かんできます。

以前、箱根の芦ノ湖に行ったときのことです。

芦ノ湖(あしのこ)では海賊船が航行しています。湖なのになぜ海賊船なのかは、よくわかりませんが、ともかく立派な海賊船で、芦ノ湖を快適に周遊することができます。一般船室とは別に特別船室というのがあったので、そちらを利用し、1時間余の船旅を楽しむことにしました。

特別室は、見晴らしがよく、スペースにゆとりがあります。椅子もシートがやわらかく、リクライニングもでき、すぐにお尻が痛くなりそうな一般船室のものとは比べものになりません。

普通室から特別室を垣間(かいま)見ることができる構造になっていますから、乗船した人たちが特別室を見たら、誰もが「特別室に入りたい」と思うはずです。実際、途中で特した。

別室の存在に気づき、追加料金を払って特別室に入って来る人も少なくありませんで

そんな様子を見ながら、僕の感情が動き出したのです。

なぜ、乗船してからアップグレードさせるのか？

あらかじめ特別室のチケットを買った人間からすると、船が動き出してから人がぞろぞろ入って来るのは、気持ちがいいことではありません。何となく損をしたような気にさえなります。

航空会社は、ファーストクラスの乗客を先に通し、先に降ろします。座席の仕様もさることながら、入り口と出口で特別扱いされることで、ファーストクラスの乗客は優越感を感じ、そこにお金を払おうと思うわけです。

一方、芦ノ湖の海賊船では、特別室の乗客がほとんど特別扱いされていないのです。やはり特別室のチケットは、乗船前に買うシステムにし、特別室のチケットを持っている客は専用レーンに並んで、先に乗船させるくらいの優遇をしてほしいもの。そうでないと、特別感を味わうことができません。

７００円というアップグレードの料金も気になりました。特別待遇をしないからこ

ういう中途半端な額になるのかもしれませんが、このくらいの差額だと、実際に特別室を見たことがない人は「特別室なんていいながら、どうせ大したことはないだろう」と思ってしまうのではないでしょうか。

特別室の名に値するだけの設備を整えているのですから、料金ももっとアップさせたほうがいいと僕は思いました。「そんなに高くしたら、お客さんが乗らない」と考えたのかもしれませんが、せっかく特別室を設けたのですから、ここは発想を転換させるべきです。

グレードを2つ以上に設定するなら、それぞれの割合を仮定しておくべきです。そして、特別室の割合を仮定以下で放置しているなら、普通室が手狭(てぜま)になるだけマイナスということになります。

航行するのが湖と空という違いはありますが、海賊船も飛行機も空間ビジネスという点では変わりはありません。航空会社は空間ビジネスの中でも同業他社とシビアな闘いをしていますし、顧客を満足させるためにさまざまなサービスを考案・提供しています。

同じ空間ビジネスですから、飛行機でやっていることを海賊船に応用できないはずがありません。もしも僕が海賊船を運営する会社の人間だったら、エコノミークラス、ビジネスクラス、ファーストクラスと座席にグレードを設けている航空会社をカンニングし、海賊船の特別室も「高くてもそれだけの価値がある」と言われるようにすることでしょう。

僕はこのように、**いつでもどこでも思い立つと勝手にコンサルティング**をしています。頼まれてもいないことについてコンサルティングをしたところで、自分のビジネスにはつながらないじゃないかと、思われそうですが、こうして頭の中であれこれ情報を組み合わせることが、カンニングスキルを磨くことになるのです。

【逆方向から考えると「ものの見方」が変わる】

情報を変換するには、いつもと視点を変えることも重要です。

通常、人は自分の置かれた立場から物事を見、そして考えます。Aという立場だったらBに対してA→B、Bという立場だったらB→Aというように、視線も思考も一方向に向けられています。

そうした習慣を抜け出し、**逆方向からも視線と思考を注いでみるのです。**

〈吉野家にはなぜ券売機がないのか〉

たとえば、牛丼チェーン店の吉野家では券売機を置いていません。同業他社や立ち食いそば屋が券売機を設置しているのに、なぜ吉野家では置いていないのか？

労働生産性を何よりも重視するなら、つまり労働生産性を高めることをゴールとするなら、釣り銭の間違い、オーダーの間違いのない券売機を置くことが目的に近づく有効な方法になるでしょう。

しかし、吉野家の前社長である安部修仁（あべしゅうじ）氏には「大事にしたい」ものがあり、生産性を損なうことになったとしてもあえて「券売機を置かない」ことにしているというのです。

安部氏が「大事にしたい」ものは何か？

それは接客の機会です。券売機を設置すると、店員がお客さんに対して投げかける「ご注文は何にしますか？」という接客用語が要らなくなります。さらにお客さんは代金を券売機で前払いしていますから、食事をした後は黙って立ち去っても何ら問題は生じません。つまり店員からすると、お客さんの目を見て「ありがとうございました」と言うチャンスがなくなってしまいます。

店員の立場からすれば、券売機があったほうが接客に時間が取られず、牛丼の提供に集中できることになるのですが、安部氏は券売機を介した注文、支払についてお客さんの立場からも考えたのでしょう。

店員から声をかけられる機会が少なくて、素っ気ない感じがする。牛丼はおいしくても、店の雰囲気は味気ない。これでは、吉野家のファンになるお客さんはいないだろう、と。

そこで、安部氏はあえて券売機を設置せず、短い時間の中においても店員がお客さんと会話を交わす機会を作ろうとしたわけです。

つまり、吉野家は「お客の立場」という逆方向から券売機を見ています。

そして、吉野家のファンを増やすという効果を重視したからこそ、そのためにはどうすればいいかとゴールから逆算して考え、接客の機会を減らしてしまうような券売機は設置しないという結論に達したのです。

ビジネスはボランティアではありませんから、自分の立ち位置を意識し、そこに利益がもたらされるように考えることは当然です。しかしながら、同じ方向のみから物事を見ていては、見落としてしまうものも出てきます。

見落とされてきたもの、見落とされがちなもののなかには、潜在的な需要が潜んでいるかもしれません。

Aという立場からBに一方的に向けていた目を、自らBという立場に立って見つめ直す。そうした双方向的な視点を持つことで、見えるものが変わり、考え方が変わり、時としてゴールの設定自体も変わってくるのです。

これもまた、情報変換をする際のポイントといえるでしょう。

〈逆方向から考えて大成功した格安航空会社〉

アメリカの大手航空会社が、もっとも手を焼いているといわれるエアラインがあります。その名もサウスウエスト航空。１９６７年にハーバート・ケレハー氏らが創業し、テキサス州ダラスに本拠地を置く格安航空会社です。

格安航空会社でありながら、業績は極めて好調で、全米のビッグ６のうちに入っている優良エアラインと言われています。規制緩和後に設立されたエアラインとしては、毎年のように黒字を計上している唯一の会社です。

設立当時、コストが割安で利益の出やすい長距離便に目を奪われていた大手エアラインの間隙を突く形で、「近距離・低料金・高頻度」をキャッチフレーズに急成長し、価格破壊をもたらしました。

アメリカ国内線の格安運賃市場における台風の目になるとともに、発着時間の正確さ、ユーモアあふれる機内サービスなどで乗客からも好評を得ていると言われています。

「航空手段を大衆化すること」をミッションに掲げ、いくつもの航空業界の常識を打ち破ったことで有名です。

これまでも数多くの競争戦略の教科書が、理論やフレームワークを説明するため同社を取り上げてきましたので、詳細はそちらに譲ることにしますが、ここで強調したいのは、「逆方向から考えたから成功した」という点です。

彼らは、「リソース（資産）の稼働率」を重視しています。

その最たる例が「ターン時間」。ターン時間とは、空港に着いた航空機が、ゲートに到着し、乗客が降り、機内の清掃と燃料補給、荷物の積み下ろしと積み込み、機体の検査が行われ、乗客が全員乗り込み、再度飛び立つまでの待ち時間です。

当然、このターン時間が短いほど、設備や人材や機体の稼働率が上がり、単位当たりのコストは下がります。

サウスウエストの目標ターン時間はわずか15分間。これは競合他社の平均の半分から3分の1という短さです。

そのために、客室乗務員やパイロットでさえ機材から降りることなく、次の顧客を迎えるための準備を手伝うそうです。

ただし、これは会社の業務効率における都合に過ぎません。乗客が乗り込むのに、どうしても時間がかかってしまいます。

そこで、サウスウエスト航空はどうしたか？

逆方向から、つまり乗客の立場で、どうしたら早く乗り込みたくなるか、という視点で考えました。

答えは、実にシンプルです。座席を自由席にしたのです。

座席が指定席だから、乗客は搭乗直前に乗ればいいのだという考えになってしまい、結果的に乗り込みが完了するのはギリギリになってしまいます。

しかし、サウスウエスト航空は全席が自由席なので、乗客は少しでもいい席を取ろうと早めに搭乗しようとします。早めにゲートに集まる理由ができたため、結果的に出発の遅れが少なくなります。しかも、お金はまったくかかっていません。

逆方向から考えたことによる、成功事例といえます。

〈アウトレット事業が成功した「逆方向からの目線」〉

アウトレット事業に着手したとき、僕は「逆方向から見る」という情報変換力を活用し、ある仕組みを作りました。

多くの店舗経営者は店舗がオープンしてから「どうすればお客さんが来てくれるだろう?」「どうしたらうちの商品を買ってくれるだろう?」と考えますが、お客さんが来るか来ないか、お客さんが商品を買うかどうかの勝負は、実はオープンする以前から決まっています。

近江(おうみ)商人は「売り手よし、買い手よし、世間よし」という「三方よし」を経営の心得としていたといいますが、いい場所に、いい商品が並び、接客がよければ、お客さんは自然と集まり、商品も自然に売れていくはずです。

出店場所を決めるのはディベロッパーであり、商品を納入してくれるのは仕入れ先であり、接客をしてくれるのは従業員です。

そこをしっかり押さえることで、お客さんが自然と集まり、商品が自然に売れる仕組みを作ろうと考えました。つまり、**お客さんに行列してもらうというゴールから逆算し、ディベロッパーから「出店してほしい」と言われ、仕入れ先が率先していい商品を回してくれ、接客好きな従業員が「ここで働きたい！」という条件を整えることにした**わけです。

「場所よし、商品よし、接客よし」の条件が揃えば、集客や営業にさほど苦労することはありません。要は自分の経営が楽になる仕組みをあらかじめ作ろうとしたのです。

では、**どうすれば「出店してほしい！」とディベロッパーに言ってもらえるか？**

これも視点を変換し、逆方向、つまりディベロッパーの視点から考えました。彼らの利益のもとは出店料であり、彼らが最も気にしているのは、「一坪あたりいくら稼げるか」という「坪効率」です。坪効率が高ければ、出店要請がくる人気のテナントとなり、いい場所を優先的に選ぶことができるはずです。

ここで、本書の冒頭で説明した「カニ缶」の話を思い出していただきたいのです。カニ缶は小さくて、重ねることもできる。しかも1個の値段が高い。その結果、坪単価が高くなる。

時計もカニ缶同様小さくて、値段はかなり高い。積み上げることは難しいかもしれませんが、狭いスペースにたくさん置くことは可能です。

そこで、僕は**坪単価が高くなるためにはどうしたらいいか**を考え、普通の時計屋さんが20坪でやっているところを、あえて10坪にして展開することにしました。

広さが半分になると、作業スペースが狭くなり、休憩スペースもとれなくなりますが、工夫して作業してもらう、合同の休憩所を利用してもらうなどして解決することはできます。

お客さんにしても、広ければ広いほどうれしいというわけではありません。アウトレットは宝探しですから、むしろ「選んだ感」が大切になります。整然と商品が並ぶ広い店舗でゆったり商品を選ぶよりも、むしろ凝縮された空間のなかで、宝探しをするような感覚がお客さんにとっての醍醐味(だいごみ)となります。

こうして、坪単価の高いお店にすることで、ディベロッパーから「次は必ず出店してほしい」と言ってもらえるお店になれたのです。

次に、**どうすれば魅力的な商品を仕入れることができるか？**

これもまた視点を変換し、仕入れ先の視点から考えました。高い値段で仕入れてくれるところには、優先していい商品を回したくなるのが人情というもの。ですから僕は**「どこよりも高値で仕入れます」と仕入れ先に宣言しました。**

いくら安くてもいい商品がなければ、購買意欲はそそられません。しかし、魅力的な商品に対しては、多少値段がはっても人は財布の紐をゆるめるものです。

そもそも在庫処分の対象品がアウトレット以外の流通に流れる主な可能性は、営業がサービスの一環として一般店（プロパー店）に提案するセール対象品です。というのも、営業としては通常価格より安く提案できるアイテムとなるので、「福袋として使ってください」といったような提案につなげやすいからです。

しかし、それより高い値段で自社が仕入れする力があれば、処分品の中では高値で引き取ることができ、一般客の売価を乱すこともなくなります。

最後に、**どうすれば接客好きないい従業員に集まってもらえるか？**

もちろんこれも、逆方向からの視点、つまり働く側の立場に立って考えました。

ひとつのアウトレットモールができると１０００人の雇用が生まれると言われています。その地域のハローワークの一番偉い人が来て、合同の求人募集説明会を開くほどの大事業です。逆にいうと、募集する僕らは、従業員の取り合いになるわけです。

応募者は、「オープニングスタッフ大募集！」なる求人雑誌を見て、どんな店がどんな条件で募集しているのかということを知ります。つまり、いい人材に来てもらうには、この求人広告が鍵となります。

百何十という店舗がある中、他と同じような求人広告をだすのでは意味がありません。応募者の数は、その店の看板の認知度で決まるからです。

そこで、僕は**求人広告を応募者への「手紙」と考え、原稿作成に相当な力を注ぎました。**

多くの店舗が「オープニングスタッフ募集！」というフレーズを連呼するなか、僕は販売接客に携わりたいと思っている応募者に響くキャッチフレーズを作り、それを求人広告のメインに据えて、呼びかけました。

〝楽して時間を潰したい人には面白みのない会社ですが

楽しく自分を高めたい人には面白みがある会社です。〟

つまり、会社の価値観を積極的に発することで、売り物には興味がない人でも会社に興味を持ってもらえるように、逆に、売り物に興味がある人でも価値観に響かない人は排除しようとしました。

さらに、広告を見た人に受け取ってほしいこうしたメッセージについては、文字サイズを大きくしてしっかり見えるようにし、勤務条件や待遇といったスペックは小

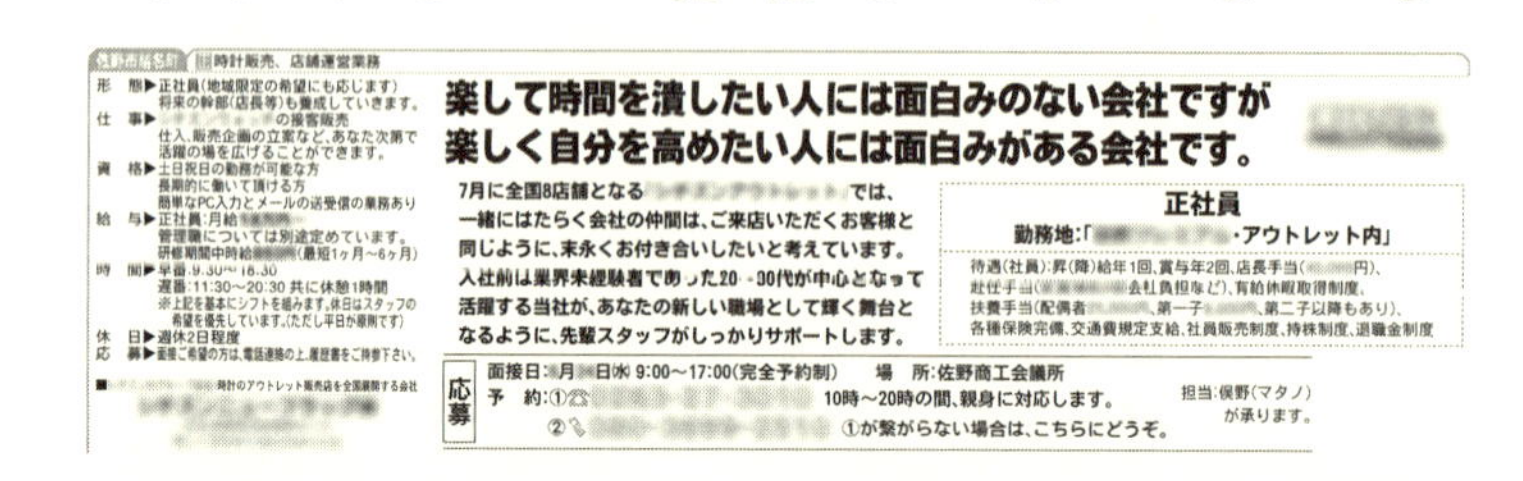

「逆方向からの目線」で考えた求人広告

どうすれば接客好きないい従業員に集まってもらえるか？
応募者への「手紙」と考え、応募者に響くフレーズをメインにして呼びかけた。

さな文字にしました。本気で応募する人であればスペックは虫眼鏡を使ってでも見るでしょうし、そうした事務的なことは面接のときに口頭で伝えればいいと考えたからです。

文章もレイアウトも練りに練って作っただけに、僕の作った募集広告はその求人情報誌の中で、異彩を放っていました。そして、応募者の気持ちを捉える言葉で呼びかけ、応募者が必要とする情報を載せたことが功を奏し、合同面接会では長蛇の列ができるほど多くの応募者に集まってもらうことができました。

僕が提案したアウトレット事業は、僕が創業経営者として任されていた10年間だけでも70億円以上の売上を上げることができましたが、それは「逆方向から考える」という姿勢のおかげだったといえるでしょう。

【「思考の補助線」が引けないか、考える】

「日本100名城に行こう」というお城のガイドブックがあります。

この冊子には、100名城に選ばれたそれぞれのお城についての解説やお城へのアクセスが書かれている他、巻末にスタンプ帳がついています。ガイドブックに掲載されている名城を訪ねた読者は、それぞれの城に置いてあるスタンプを、そのスタンプ帳に押していくというわけです。

人というのは不思議なもので、スタンプ帳があればスタンプを押したくなり、空欄があればそれを埋めたくなるという習性を持っています。

もともといくつかの城に興味を持ち、それらの城を訪れるためにガイドブックを買った読者。城そのものを見ることが目的なので、スタンプはどうでもいいと思っていたものの、ガイドブックにはスタンプが置いてある場所が明記されているため、せっかくだからとスタンプを押します。

それを何度か繰り返すうちに、城を見学することと同じくらい、いえ時にはそれ以上に、スタンプを押し、スタンプ帳を埋め尽くすことが重要に感じられるようになってくる。スタンプ帳にはこうしたからくりが隠されているのです。

このように**人の習性に働きかけ、ある行動を促すことを、僕は「思考の補助線」と呼んでいます。**

「思考の補助線」というと特別なことのように聞こえるかもしれませんが、電車の乗降口にラインが引かれていたり電車のロングシートに凹凸があったりするのも、整列乗車や座席の譲り合いを促す「思考の補助線」なのです。

他業種から仕入れてきた情報の中に、自分が展開しているビジネスの顧客の習性に働きかけるヒントがないか。つまり、思考の補助線が隠れていないか。そういう視点で情報を見てみることが、大事です。

たとえば、1テーマをシリーズで何巻にもわたって販売するディアゴスティーニ。ディアゴスティーニは、創刊号を低価格にすることで読者の裾野を広げ、読者のコレクター意識を刺激します。そして全巻を揃えようという欲求に働きかけて、全巻買ってもらおうという戦略です。

〈パスポートに「思考の補助線」を引いてみたら……〉

日常生活の中では「思考の補助線」に促されることが多い僕ですが、自ら「思考の補助線」を設けることによって、ある人たちに特定の動きを促すことに成功した経験があります。香港に駐在していたときのことです。

香港は中国の特別行政区ですから、香港駐在員である僕は中国本土に行くたびに、パスポートに出入国のスタンプを押されていました。工場がある関係で、中国本土には頻繁に足を運ばなければなりません。しかも、スタンプを押す中国の審査官は、まっさらなページのど真ん中にスタンプを押したがるため、僕のパスポートはあっという間に出入国のスタンプでいっぱいになってしまいました。

これではパスポートが何冊あっても足りません。そこで僕は中国のスタンプのサイズに合わせて、1ページをいくつかに分割する線を鉛筆でうっすらと引いてみました。すると、白紙のページをわざわざ選び、スタンプをこれ見よがしにど真ん中に押していた審査官が、線の枠内にスタンプを押すようになったのです。

お国は違えど、人の習性というのはそう変わりはありません。枠があればそこからはみ出さないようにスタンプを押し、空いた枠を埋めていきたくなるのが人情。鉛筆の薄い線でも、「押す場所はここ」という暗黙の合図がゲーム感覚となったのかもしれません。

もちろん、本来パスポートへの落書きは禁じられています。僕の場合は、パスポートのページを節約するための苦肉の策として、後から消せるよう極めて薄く線を引いた次第です。興味を持たれた方は、くれぐれもご注意を！

この能力を身につけるトレーニング

〈自分の業界のライバルは何かを考える〉

かつて、「携帯電話が普及すると時計業界は大打撃を受ける」と言われ、恐れられていました。

携帯電話には時計機能がついているため、誰もが携帯電話を持つようになると時計がコモディティ化（均質化。機能や品質の差がなくなること）し、「もはや腕時計をする必要がなくなってしまうのではないか？」という理由です。

確かに腕時計を「時刻を見る」ものという機能だけで捉えると、腕時計は不要になるかもしれません。「携帯があれば無料で時刻がわかる」という顧客を相手にしている限り、ライバルは携帯電話になってしまいます。

しかし、腕時計の価値は「時刻を見る」という機能だけに留まりません。手首を演出するファッションアイテムとして捉えることもできますし、身体の一部として愛用する嗜好品として捉えることもできます。

仮に携帯電話を腕時計のライバルとするのであれば、「時を刻む」機能という観点からではなく、人はなぜ携帯電話にそこまでお金を注ぎ込み、時間を割くのかという部分にフォーカスすべきです。

かつては、「マインドシェア」がマーケティングの重要な観点でした。マインドシェアとは、簡単に言うと、顧客があなたの会社のブランドを日頃どれくらい考えているかという割合を示すものです。つまり、特定の商品を思い浮かべたときに起こるブランドスイッチをいかにして自社のブランドに向けさせるかがポイントになっていたわけです。

しかし時代は流れ、今や、マインドシェアとは別な視点が求められるようになりました。

それは「タイムシェア」と言ってもよい概念です。一日の中で人が実際にどれだけ、そのことに時間を割くかという視点です。

たとえば iPhone を持っている人だったら、iPhone をいじる時間が長いほど、アップルに関わる時間も長くなっています。

タイムシェアの割合が高ければ高いほど、必然的にセールスの機会が多くなり、セールスした際の成功率が高まります。

キャッチフレーズ的に言うならば、「マインドシェアからタイムシェアの時代へ」ということです。

つまり、時計業界は携帯電話に時計機能がついていることを危惧するのではなく、携帯電話に時間を割き、そこにお金がどんどん流れていくことで、結果的に「時計を買うお金がない」という状態になることのほうに注目すべきなのです。

このように、現代のリーディングカンパニーが**ライバル視すべきは同業他社ではなく、他業種なのです。**

マクドナルドやコンビニが100円コーヒーで鎬を削っているのは、同業他社を駆逐するためではなく、カフェを意識しているのかもしれません。

たとえば、私自身テナントを出していたアウトレットモール。同じモールの中には、他社の時計屋もいくつかありました。

しかし、同業他社である彼らをライバル視してもあまり意味はありません。

言うまでもありませんが、アウトレットモールにはさまざまな人が来ます。「時計」というキーワードでくるとお客さんは限られてしまいますが、「ファッション」というキーワードでくることにすると、お客さんの数は一気に増えます。モール全体のお客さんが自社の見込み客となります。

バッグを買おうと思って5万円を握りしめて来た人が、気に入った時計をたまたま見つけ、ファッションアイテムとしてバッグの代わりに腕時計を買っていくということもあるのです。

そう考えることで、ショッピングモールに顧客が来ればよいという発想になり、周りのお店が敵ではなくなります。

「あなたの商売のライバルは何か?」

自分にこう問いかけ、考えることで、物の見え方は変わってきます。従来の視点とは異なるところから、自分の仕事を見直すことになり、それが結果的に、自分の手持ちの情報をさまざまな切り口で見直し、変換するきっかけになるのです。

ライバルは何か?　何を競うのか?

こうした問いかけを常にすることで、これまでとは違うアイデアを思いつきたいものです。

〈キャスティングを考える〉

マッキンゼーの経営コンサルタントだった大前研一さんは、通勤時間を利用し、電車の吊り広告を題材に「この会社の売上を伸ばしてほしいと頼まれたら、どうするか」ということを考え、コンサルティングのトレーニングをしていたそうです。

ビジネスの場合、仕事の依頼が入ってから準備し、どうすべきかを考えるようでは遅すぎます。試験対策として演習問題をこなすのと同じように、いつ何時、依頼が入っても即座に対応できるよう、日頃から思考のトレーニングをされていたのでしょう。

同じように、僕も日頃から思考のトレーニングとして遊び感覚でやっていることがあります。それは、アニメーションを実写版にする場合のキャスティングを考えることです。

たとえば『ワンピース』だったら、ナミは誰で、サンジは誰で、ロビンは誰でというように、登場人物にそれぞれ実際の俳優を具体的にあてはめていくのです。

もちろん、誰からも頼まれるわけではありません。キャスティングを考えたところで、ビジネスにはならないし、作者の尾田栄一郎さんからすれば余計なお世話だと思います。

しかし、このキャスティングを考えることによって、登場人物のキャラクターがそれぞれ浮き彫りになります。9人いるメンバーは、どう色分けされているか。尾田さんはそれぞれのキャラクターに何を託しているのか。そうしたことを考えていくと、なぜ『ワンピース』が世の中に受け入れられ、多くの人に支持されているのかもおぼろげにわかってきたりもします。そんな僕も、この作品が歌舞伎になる（2015年10～11月）というニュースには驚きましたが。

2014年8月、『ルパン三世』の実写版が公開されましたが、僕のキャスティングでは、ルパンは大泉洋さん、峰不二子は藤原紀香さん、次元大介はオダギリジョーさん、石川五ェ門は松田翔太さんです。

「勝手にキャスティング」は誰にも迷惑がかかりません。しかも楽しみながらできるので、僕は頭の体操、変換力のトレーニングとしてよくやっています。

この章のまとめ

●収集した情報は、自分の仕事に合わせて下ごしらえする必要がある。

●下ごしらえの大前提は、「特殊はない」「常識を疑う」「抽象化のレベルに落とし込む」

●下ごしらえの方法は、「勝手にコンサルティング」「逆方向から考える」「思考の補助線」

章

情報応用力

サラリーマンのカンニング・ステップ3

……成功をもたらす４つのキーワード

同じ情報でも、応用の仕方でインパクトが違ってくる

ここまで、「大人のカンニング」に必要な情報をどうやって集めるか（2章）、そしてそれをどのように自分の仕事に変換するか、その切り口を説明してきました（3章）。

本章では、いよいよ自分のビジネスに応用する際のポイントを考察します。

ここでまた、料理を例にするならば、実際に料理を作ってみるのが「情報応用力」になります。

料理にはそれぞれ基本となるレシピがありますが、同じメニューであっても作る人のセンスによって出来映えも違えば、味わいも異なってきます。情報についても同様です。変換した情報をどうアレンジしてどのように仕上げるか、つまりどういう事業として応用するかによって、社会に与えるインパクトが変わってくるのです。

一時的に話題を集めるだけで打ち上げ花火のように消えていくのか。それとも多くの人に受け入れられ事業として定着するのか。その分かれ道はどこにあるのでしょ

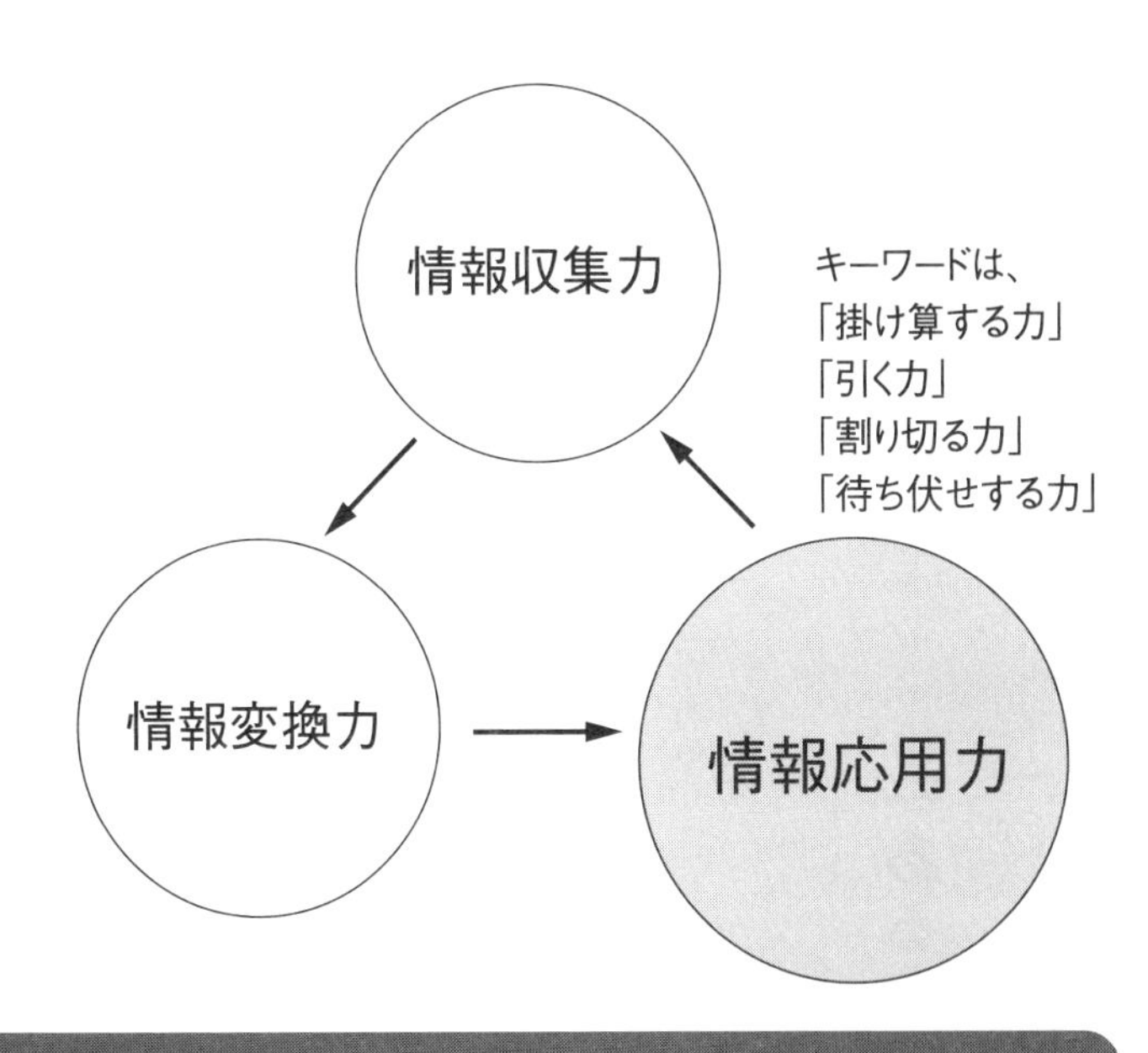

「大人のカンニング」ステップ3
情報応用力

料理でたとえると、実際に調理する段階。
どうアレンジして仕上げるかで、インパクトは異なる。
その後、さらに新しい食材を収集することも。

う？

ここでは皆さんがご存知の企業の実例を取り上げ、何が成功の鍵となったのかについて僕なりに検証していきます。いわば、企業の料理のやり方を料理評論家のように考察するのです。

その考察を通して、情報応用力について考えてみたいと思います。

その際のポイントとなるのは、「掛け算する力」「引く力」「割り切る力」「待ち伏せする力」です。

いわば、料理における「スパイス」です。スパイスの使い方によって、料理はおいしくもなればまずくもなります。ビジネスも同じです。

「大人のカンニング」をする場合は、これらのキーワードを意識するようにしてください。

【「掛け算する力」――「あるもの」と「ないもの」で】

まず、「掛け算する力」です。

ビジネスではしばしば、（あるもの）と（ないもの）を掛けます。

世の中に（あるもの）は誰かがすでに発明してくれているものであり、世の中に（ないもの）は多くの人が潜在的に持っている欠乏感や不満やいら立ちといったものです。

カンニングした情報を（あるもの）か（ないもの）に分類し、（あるもの）と（ないもの）で掛け合わせるのです。

新たなものを生み出す、斬新（ざんしん）なアイデアを考え出すというと、知恵を絞って無から有を生み出すかのようなイメージを持たれるかもしれませんが、その業界にすでに（あるもの）と、その業界にまだ（ないもの）を組み合わせれば、新しいものが生まれます。

（あるもの）と（ないもの）の掛け算、その組み合わせは3種類です。すなわち、

（あるもの）×（ないもの）
（あるもの）×（あるもの）
（ないもの）×（ないもの）

このうち、（あるもの）×（あるもの）は、たとえば「24時間スーパー」です。

流通業界では、コンビニチェーンがすでに24時間営業を行っています。そこにスーパーが後から参入していっても、世間にそれほどのインパクトを与えることはできません。

もちろん、実際に24時間営業のスーパーを展開することは非常に大変なことだと思いますが、斬新なアイデアかというと、正直、疑問符がつきます。

情報変換として（あるもの）と（あるもの）を掛け合わせても、何か新しいものは生まれないということです。

一方、（ないもの）×（ないもの）だと、誰も知らないものになってしまいます。そのため、価値を認めてもらうのに時間がかかってしまいます。

別の業界には（あるもの）だけどその業界には（ないもの）を持ってくることで、イノベーションが発生するのです。

前章で説明したタクシーの距離別レーンのアイデアは、ウォルマートで設けている専用レーン＝すでに（あるもの）と、それがないタクシー業界＝まだ（ないもの）とを掛け合わせる＝掛け算することによって、乗車距離によるタクシー乗り場の区分というこれまでになかった新たなサービスの発想が生まれたのです。

数学では、（あるもの）＝ゼロ以外の数と（ないもの）＝ゼロを掛け算すると、どんな場合もゼロつまり（ないもの）になってしまいます。

一方、ビジネスの世界では、（あるもの）と（ないもの）を掛け算すると新たなものが生まれます。

ここでの（ないもの）とは、ビジネスにおける「課題」と言い換えてもいいでしょう。

自分のビジネスを進めていく際に出てくる、どうしても解決しなくてはならない課題。

そこに、他業種で知った（あるもの）を当てはめてみる。

このときの感覚は、「とりあえずやってみる」という実験に近いものがあります。1回目でうまくいけば、つまりビジネスの課題が解決すれば問題ありませんが、1回で解決することは滅多にありません。むしろ、成果がでないことが多い。そんなときは、「この情報を使ってみたけど、よかったのかな。別の応用の仕方があるのかな」「あるいは別の情報を探してきたほうがいいのかな」と考え、再度、情報を変換することになります。

その場合、同じ情報を再び見にいってもいいのです。1回試みたことで、視点が広がっていますので、得られる知識が違ってきます。

〈JINS PCは掛け算によって空前のヒットを生んだ〉

JINS PCはまさに、〈あるもの〉と〈ないもの〉を掛け合わせることによって新たなブームを作った商品と言えるでしょう。

お使いの方も多いと思いますが、JINS PCはパソコン、スマートフォンのディスプレイから発せられるブルーライトをカットし、パソコン、スマートフォン使用時の眼の疲れを軽減するという、パソコン専用のメガネです。

JINSにとって〈あるもの〉とはメガネのフレームとメガネを作る技術。

一方、〈ないもの〉は、これまでメガネを必要としなかった人にメガネを売る力です。メガネを必要とする人は限られているけれど、メガネを必要としない人でもパソコンやスマートフォンは使います。

JINSはパソコン専用のメガネを開発することで、これまでメガネを必要としていなかった人にもメガネを売ることに成功し、累計300万本を超える空前のヒット作になったのです。

〈アウトレットにおける「掛け算」〉

もう少し、掛け算の話をしましょう。

時計メーカーに勤務していた頃、僕は（あるもの）と（ないもの）とを掛け合わせることで、社内で新規事業を立ち上げました。全国各地のアウトレットモール内に直営の時計販売店を展開する事業です。

メーカーは在庫を抱え、常にその処分に頭を悩ませています。僕がいた時計メーカーも例に漏れず、在庫処分に苦慮していました。在庫を処分したいが、処分するとブランド価値が下がってしまう。在庫はあるのに、処分する場がないというジレンマを抱えていたわけです。

一方、アウトレットというのは、古いモデルの商品や過剰になった在庫商品を通常よりも安い価格で販売することで、アメリカでは1980年代から普及していました。日本でも1990年代以降に広まり、今では多くの店舗が軒を連ねるアウトレットモールが、日本各地に開設されています。

アウトレットモールが御殿場にオープンしたのは2000年のことで、各メディアでもその話題を取り上げていました。また、在庫の問題は、メーカーに勤める人間だったら誰もが知っていることです。つまり、これらの情報は平等に得られるものです。

しかし、アウトレットモールがオープンするという同じ情報であっても、それを（あるもの）と見なすのか、（ないもの）と見なすのかは人によって違ってきます。

たとえば、アウトレットと聞いて、「ふーん、それって買い物する場所でしょ」「別に買い物には興味がないし」「渋滞しているようだけど、みんなよく行くよね」と自分のフィルターでシャットアウトしてしまったら、その情報は文字通り「ないもの」になってしまいます。ストックもされなければ、発想の種にもなりません。

僕は、日本に新たに上陸したアウトレットモールという情報を入手（カンニング）したあと、それを（あるもの）と分類しました。これに在庫を処分する場所＝（ないもの）を繋ぎ合わせて、ブランド価値を下げることなく在庫を処分するシステムを創ったのです。

在庫という（あるもの）と、アウトレットというそれまでに前例のない流通方法＝（ないもの）を掛け合わせたということもできるでしょう。

いずれにしても、（あるもの）と（ないもの）を掛け算して、新たなものを生み出したわけです。

新たなものを生み出すというと、知恵を絞って無から有を生み出すかのようなイメージを持たれるかもしれませんが、世の中にすでに（あるもの）と世の中にまだ（ないもの）を組み合わせれば新しいものが生まれるのです。

〈「俺のフレンチ」成功の秘密〉

今度は、「俺のフレンチ」、「俺のイタリアン」、「俺の割烹（かっぽう）」などで知られる外食企業、俺の株式会社を見ていきましょう。

メディアでも取り上げられ、どの店も連日行列ができるほど盛況な、俺の株式会社のレストラン。さまざまなスタイルの飲食店が乱立するなか、このレストランチェーンの何が斬新だったかといえば、**「高級レストランの味」と「立ち食いそば屋の回転率」を掛け合わせた**ところにあります。

チェーン展開をしているレストランでは、コスト削減と味の均一化、店舗での調理の単純化を図るために、セントラルキッチンで一次的な加工を行うのが一般的です。袋から出して加熱するだけなど、調理が簡単で、経験がないアルバイトでも作ることができるというメリットもあり、多くの外食企業がセントラルキッチン方式を取り入れています。

ところが、俺の株式会社は、セントラルキッチンを使わず、一流のシェフが高級な食材をふんだんに使い、その店でしか出せない料理を提供しています。一般のレストランチェーンとは真逆の発想です。

〈高級レストランの味に「回転率」を掛けてみると〉

俺の株式会社の社長である坂本孝氏は、厨房をより魅力的な職場とし、一流の料理人が作ったおいしい料理をもっと多くの人に味わってほしいという思いからこの事業を立ち上げたといいます。

確かに、俺のシリーズでは、高級な食材を用いた一流の料理を食べることができます。しかも、高級料理店の3分の1程度の価格で食べることができるのです。

高級な食材を使い、一流の調理技術を持った料理人が腕をふるえば、おいしい料理ができるのは当たり前です。その一方で、高級食材を使えば原価率が高くなり、メニューの価格が高くなるのは必至です。一流のシェフが調理するとなればなおのことです。

原価率が上がれば値段も上がる。この図式を塗り替えるために坂本氏が考えたのは、顧客の回転率を高めることでした。高級店が1回転しかしないところ、3回転すれば、繁盛店の利益を実現できるというわけです。

回転率が高いといえば、駅構内や駅周辺にある立ち食いそば屋。椅子を置かない分スペースが広くなるため、より多くのお客を入れることができます。もちろん、立ったままですから、ゆったりとくつろいで食事をするという雰囲気ではなく、目ずと回転率も高くなります。

つまり坂本氏は、立ち食いそば屋をカンニングして、（高級レストランの味）と（回転率）を掛け合わせることで、これまでにはなかったスタイルのレストランチェーンを実現させたのです。

僕も「俺の○○」シリーズに何軒か行ってみたのですが、午後5時に開店するという店舗には、1時間前の4時からすでに行列ができていました。ようやく店内に入ると、メニューをかけるフックの位置までちゃんと決まっていて、スペースを最大限に活かしています。

立ち食いですから、隣のお客さんとぶつかってしまうこともありますが、それもまたご愛嬌。坂本氏は、見知らぬ人が肩をすり寄せて食事をすることで、新たなコミュニケーションが生まれるという副次的なメリットも計算に入れているようです。

ちなみに、この「俺の株式会社」のコンセプトを大人のカンニングしたのが「いきなりステーキ」です。コース料理では最後に登場する厚切りステーキを立ち食いでいきなり食べるというのがそのコンセプト。

「いきなりステーキ」はとても上手にカンニングしていますが、変化の激しい外食産業では、コンセプトのみならず名前までそっくりのお店が登場することもあります。たびたび訴訟問題にまで発展しています。こうなると、大人のカンニングの範疇（はんちゅう）を超えているといわざるを得ません。

「俺の株式会社」は非常にユニークなビジネスモデルなので、「掛け算」からは少し離れますが、もう少し見てみましょう。彼らのやり方に、カンニングしたくなるヒントがあるかもしれませんよ。

〈限定メニューで廃棄ロスを減らす〉

「俺のイタリアン」と同じ看板を出していても、店舗ごとにメニューは異なります。シェフによって得意料理はそれぞれですから、シェフの個性をストレートに打ち出すことで、それを各店舗の特長としているのでしょう。さらに、画一化された料理を作るのではなく自分の好きな料理を好きなように作れるというのは、シェフにとっても大きなモチベーションとなるはずです。

高級食材を扱うレストランでは、食材を廃棄することで発生する損失、いわゆる廃棄ロスが利益率を下げる要因になっていますが、「俺の○○」では、メニューの数量を限定して提供することにより、廃棄ロスを減らすという工夫がされています。

また、俺のレストランでは、基本的に予約を受け付けていません。しかも人気のメニューは数量が決まっているため、遅く行った場合はお目当てのメニューを注文できないこともあります。食べたかったメニューを食べられなかったお客さんはがっかりすることになりますが、それは早くから並んでくれるお客さんにメリットを与えていることにもなります。

開店直後に来店したお客さんは「早くから並んだ甲斐があった」と満足できますし、来店が遅かったお客さんは「今度は早く来て、絶対にあのメニューを食べよう」という次回の来店目的を持つことができるのです。

〈シェフの自尊心を高めるネーミング〉

2012年に「俺のイタリアン」から始まった俺の株式会社のレストランは、「俺のフレンチ」「俺の割烹」「俺の焼肉」「俺のやきとり」と次々に業種を広げていきました。

社名はもとより、店舗にも必ずつけられている「俺の」という言葉。僕はこのネーミングにも、仕掛けがあるように思えてなりません。

最初は、「俺」は坂本社長本人を指しているのかと思っていました。しかし、「俺の〇〇」シリーズの店舗に数軒通ううちに、「俺の」はその店のシェフ自身を指しているのだと確信しました。

どの店舗も一流料理を提供することを目的とした店ですから、高級店で腕を鳴らして来たシェフに来てほしいもの。しかし、腕利きになればなるほど料理人としての自尊心が高くなり、「安売りの店のシェフなんかやれるものか！」「決められたメニューなど出したくない！」と思うはずです。

坂本氏は、そうした料理人のプライドを考慮し、「俺の〇〇」という店名にし、独自のメニューを作るという自由を与えたのではないでしょうか。

店に椅子がなくても、テーブルにはクロスが掛けられていなくて料理の単価はリーズナブルであっても、高級食材をふんだんに使い、俺の考えたメニューを、俺が調理している。そうした自尊心を持って厨房に立ってもらうために「俺の」という枕詞（まくらことば）をつけたのです。

もちろん、これもまた僕の勝手な憶測です。坂本社長に確認をとったわけではありません。でも、大人のカンニングで大切なのは、自分で考え自分で納得することです。

ちょっとした情報や自らの体験から、どこまで発想を広げられるか、どこまで飛躍して考えられるか。それこそがカンニング力を鍛え、ビジネスセンスを磨くことになります。

【「引く力」でムダを省き、コアサービスに特化】

〈当たり前と思われていたサービスをあえて省いたQBハウス〉

10分でスピーディに、しかも1000円という低価格でヘアカットを行うQBハウス。1996年11月の第一号店オープン以来、全国各地に店舗を展開し、今や香港、台湾など国内外に500店舗を構えるまでに発展しました。

早くて安いというと理容師あるいは美容師の腕が悪いように感じられるかもしれませんが、QBハウスでは通常の理髪店が行っている顔ソリ、シャンプーを行わないことにより、それらにかかっていた時間と手間を省いて、短時間カット、低価格カットを実現しています。

サービスというと、これまであったものにさらに何かをプラスしていくことを考えがちですが、ＱＢハウスの場合は逆の発想です。今まで当たり前になっていた顔ソリやシャンプーなどのサービスを差し引くことで、顧客に時間を与え、価格を抑えようと考えたのです。

カット後には、掃除機を使ってカットした髪の毛を取り除いてくれるので、シャンプーをしなくても特に支障はありません。そもそも、シャンプーは家でもできること。わざわざお金を払ってまで理容院や美容院でやってもらう必要はありません。シャンプーという必要のないサービスに時間をかけるのは無駄。必要のないサービスにお金を払うのはいやだと考える人も世の中にはいるはずです。

たとえば、新幹線で遠出をするとき、多くの人はこだまではなくのぞみを選びます。なぜ、指定席の追加料金を払ってものぞみにするのかといえば、のぞみに乗ったほうが目的地により早く到着するからです。こだまのほうが長く乗車できるから得だと考える人は、一人もいないはずです。

つまりＱＢハウスは、「シャンプーがないなんて、サービスの悪い床屋だな」と思われるところを逆手にとり、**無駄なサービスにお金を払わせる理容院・美容院を敵視し、それらの無駄を省いたことを前面に打ち出すことで、顧客の共感を得ることに成**

功したのです。いわば、新幹線をカンニングしたといえるでしょう。

言い換えれば、顧客に時間を提供し、無駄なお金を使わせないために、ＱＢハウスでは、家でできる顔ソリやシャンプーを差し引きました。

だからＱＢハウスは多くの顧客から支持され、急成長を遂げることができたのです。

〈3つのMを排除したカーブス〉

１９９２年にアメリカのテキサス州で誕生し、２００５年に日本に上陸したフィットネスチェーン、カーブス。このカーブスもそれまでの常識を覆（くつがえ）し、顧客に必要ないと思われるものを省き、コアのサービスに特化することで急成長した企業です。

カーブスは中高年女性をターゲットにし、従来のフィットネスクラブから彼女たちが必要としない３つのMを差し引きました。

３つのMとは Men と Mirror と Make up です。

Men は文字通り男性のこと。自信が持てない自分の姿を男性の目にさらしたくない、汗をかいて運動している姿を見せたくないという女性の心理を考慮し、女性専用のクラブとしてスタッフも女性のみとしました。

Mirrorは、鏡のこと。体型に自信のない女性は鏡を見ると不愉快になり、モチベーションを低くする可能性があると考え、鏡は設置しないことにしました。

Make upは汗を流し化粧をするためのシャワールームのこと。カーブスでは、30分のプログラムを提供しており、激しく運動して大量に汗をかくこともないため、シャワールームを設置しないことにしたのです。もちろんプールもありません。

カーブスはこれら3つのMを差し引くことで、運動はしたいものの自分の体型が気になりジムに通うのは気が引けるという中高年女性を顧客として取り込んだのです。

特に3つ目のMにあたるシャワールームは、設置するとなると物件自体が限られてしまいますし、当然、水道代と光熱費がかかります。シャワー設備を持たないことにすれば、事務所だったスペースでもフィットネスクラブを開くことができます。また、シャワールームがない分、店舗面積を広くとる必要がなくなるので、住宅街や商店街など主婦が通いやすい場所に多く出店することができます。

QBハウスがカーブスの「引く力」をカンニングしたのかどうかは不明ですが、**従来あった設備やサービスを「引く」ことによって、新たな価値をもたらすという発想**

は、スポーツ業界、理容・美容業界だけでなく、他の業界にも応用できるのではないでしょうか。

ブックオフには「割り切る力」が溢れている

〈オペレーションを割り切る〉

ブックオフは、現在俺の株式会社の社長を務める坂本孝氏が、1991年に設立した新しいスタイルの古本屋です。

かつて、古本屋というビジネスは、高い利益率と目利き力に支えられたものでした。

新刊書を売っている書店がどんどん減っているなか、なぜ古本屋がつぶれないのかといえば、利益率が高いからです。二束三文で買った本でも、希少価値の高い本であれば、買い取り価格の何倍、時には何十倍もの値段で売ることができます。しかも本は生鮮品と違って腐ることがありません。粗利率が高く、廃棄ロスもないため、古本屋はつぶれないのです。

その高い利益率を実現させるのが、目利き力です。目利き力とは高値で売れる希少価値の高い本を見分ける能力のこと。目利き力の高い人が本の査定をすれば、高く売れるものを仕入れることができるというわけです。

ところが、目利き力をつけるためには、経験と知識が必要となります。目利き力のある店員を育てようと思ったら、時間はかかるし人件費もかさみます。いわば古本屋は専門性が高くプロフェッショナルでないとできない仕事。アルバイトに任せることができないため、チェーン展開などできるはずがないと誰もが考えていたわけです。

その、誰もが不可能と考えていたことを可能にしたのが、ブックオフです。

ブックオフが斬新なのは、従来の古本屋をカンニングした結果、彼らが頼みにし、拘(こだわ)ってきた目利き力を、不要と割り切った点にあります。目利き力を求められないのであれば、アルバイトでも古本屋の店員になることができます。

具体的にどうしたのかというと、ブックオフでは原則として奥付(おくづけ)(裏表紙をめくったところ)に記された発行年月日と本の状態によって、買い取り価格を画一化したのです。発行年月が新しければ新しいほど、状態がよければよいほど、高く買い取るというルールを作り、本の希少性ではなく、鮮度と見た目のきれい度によって値段を決めようと割り切ったのです。

さらに、一定期間を経ても売れない本は、100円均一などで処分し、在庫回転率を保つようにしました。

これなら、目利き力がなくても、誰にでも査定ができますし、売れにくい本を仕入れてしまっても、在庫として抱え込む心配がありません。

〈捨ててもかまわない「利益」とは？〉

もちろん100円で売られている本の中には、本来1000円や2000円で売れるような貴重な本があるかもしれません。場合によっては、1万円で売れるようなお宝本もまぎれているかもしれません。

しかし、**ブックオフは目利き力を不要としたので、そこで出る差額の利益については捨ててもかまわないと割り切ったの**です。

「せどり」と呼ばれるぶら下がり産業が素人の間に広がったのも、ブックオフの潔い割り切りの発想があったからに他なりません。掘り出し物を転売して利ざやを稼ぐのが「せどり」ですが、ブックオフの100円均一コーナーは「せどり」の格好の仕入れ場所となっています。100円均一コーナーでどっさり本を仕入れた輩（やから）は、ネットオークションなどでそれらの本を転売し、その差額で懐（ふところ）を温めているのだそうです。

ところで、ある人が読んで不要になった本を、他の人に売るのが古本屋。古本屋にとっては、一般の人から不要になった本を買い取ることが、仕入れとなります。古本屋に「買います」という看板や貼り紙があるのは、商品を仕入れるためです。

当然ブックオフでも仕入れをしていますが、ブックオフでは「買います」という文言は見当たりません。ブックオフは古本屋の決まり文句である「買います」を、「お

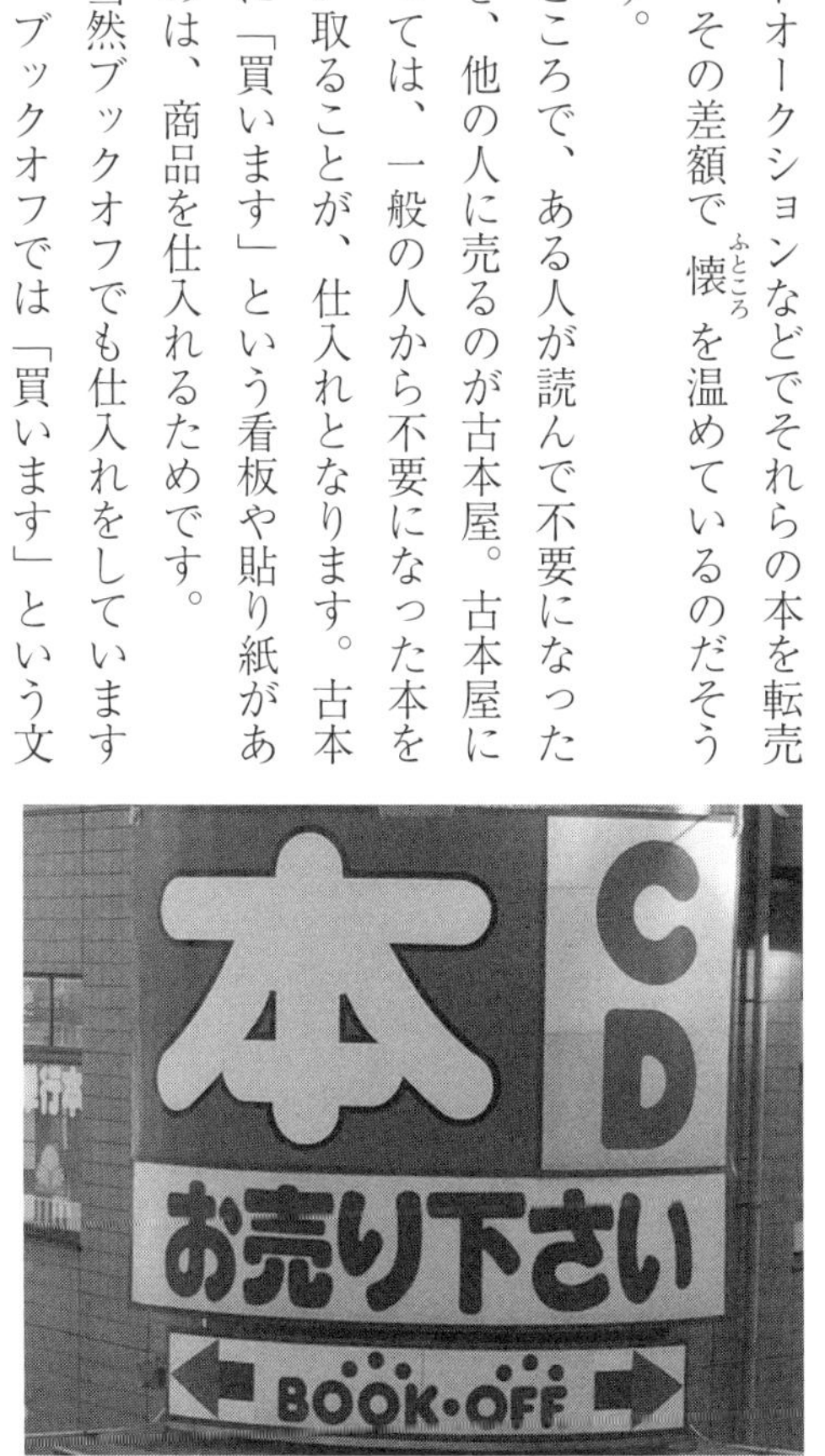

「買います」ではなく「お売り下さい」
——言っていることは同じだが、印象はだいぶ違う

売り下さい」と変えたのです。僕はここにも、ブックオフのビジネスセンスを感じています。

どちらのキャッチも言っていることは同じです。本の仕入れを目的として、顧客に向けて言っているわけですが、「買います」と言われるのと「お売り下さい」と言われるのでは、言われた側の気持ちはだいぶ違ってくるのではないでしょうか。「買います」はちょっと上から目線で近寄りがたい感じがしますが、「お売り下さい」は低姿勢で親しみやすさを感じます。

「買います」と言っている古本屋に対しては、「こんな本買ってもらえるだろうか？」とためらってしまいますが、「お売り下さい」と言っているブックオフなら「これも買ってもらおう」と躊躇(ちゅうちょ)なく自分の本を持ち込むことができます。

しかもブックオフでは、原則として下取りは店頭で行うことになっているため、本を売りたい人はブックオフに足を運ぶことになります。

売るほど本を持っているという人は、本が好きな人であり、本を買う人でもあります。要らなくなった本を売り、家の本棚にはスペースができ、小銭も入ったのですから、本を売ったその人は、売却する本を査定してもらっている間に自分が読む本を探すことでしょう。

つまり、ブックオフでは本好きの顧客を、本を売るという目的のもと来店させているのです。小売店は来店頻度を上げることに苦労し、そのためにお金を払って広告を打ったりするわけですが、ブックオフでは本を売りに来た人が本を買う顧客になっています。

本を売る人が本を買い、その人がまた本を売りに来て別の本を買っていく。こうした循環を作るために、ブックオフはあえて下取りを店頭で行っているのです。

〈儲けのポイントをズラす〉

原価BARという飲食店をご存知でしょうか？　1600円（原価BAR赤坂見附は1800円、原価BAR GINZAは2500円）の入場料を支払うだけで、店内のメニューはすべて原価で楽しむことができるシステムです。飲物や食べ物を原価で提供する代わりに、入場料を取るのです。

日ごろ高くて手が出せないお酒が原価で飲めるとあって、話題になっています。まだ儲けのステージには入っていないように思えますが、なかなかユニークな発想です。

飲食物ではなく、店に入るという「入り口の段階」で利益を得ようという発想です。つまり、飲食物では儲けなくてよいと割り切っているのです。

このように、キャッシュポイントを前後にズラすという発想があると、話題性を作り出すことができます。

【すでに起こった未来に着目する「待ち伏せする力」】

「すでに起こった未来に着目せよ」

経営学者、社会学者として活躍したピーター・ドラッカー博士が遺した言葉です。

「すでに起こった未来」とは、起こることが確定しているけれど、まだ実行されていないという意味です。言い換えれば「タイムラグ」ということになります。

ドラッカーといえば、まだ記憶に新しいのが270万部を突破した大ベストセラー『もし高校野球の女子マネージャーがドラッカーの「マネジメント」を読んだら』。この本は、2010年の書籍年間ランキングの1位に輝きました。

著者の岩崎夏海（いわさきなつみ）氏はドラッカーの熱狂的ファン「ドラッカリアン」という話ですが、やはりファンとして忠実に、「すでに起こった未来に着目せよ」というドラッカーの教えを守っておられます。

どういうことなのか、説明しましょう。

ドラッカーは１９０９年11月19日、オーストリアのウィーンに生まれ、２００５年11月11日、96歳の誕生日を迎える８日前に、アメリカのカリフォルニア州クレアモントで逝去されました。

20世紀の知の巨匠と言われるだけあって、ドラッカーの愛好者は世界中に数多くいます。かくいう僕もその一人です。

ですから、生誕１００年にあたる２００９年は必ず話題になると予想できたわけです。

『もしドラ』が発売された年を思い出していただきたいのですが、２００９年12月。見事に、ドラッカー生誕１００年の年です。

さらに、もうひとつポイントがあると思います。

なぜ、12月だったのか？

それは、ドラッカーの著書が難解だからです。２００９年はこれまでになく多くの人がドラッカーの著書を手に取った年でしたが、「話題になっているから読んではみたものの、よくわからない」という人も多かったはずです。そんな人の受け皿として年末に出版されたのが、高校野球部を舞台にした物語にドラッカーの著書である『マネジメント』の概念を織り込んだ、『もしドラ』だったのです。

ドラッカーの著書を途中で投げ出した人も、「女子高生が主役の高校野球の話なら読めるかもしれない」と思ったことでしょう。

ドラッカリアンである岩崎氏は２００９年がドラッカーの生誕１００年に当たることも、ドラッカーの著書が多くの人にとって「難しく感じられる」であろうことも予測していたはず。

つまりドラッカーの「すでに起こった未来に着目せよ」という言葉に従って、この年のこのタイミングを狙い、満を持して『もしドラ』を出したのではないでしょうか。

もちろんこれもまた僕の勝手な推測ではありますが、ドラッカーを理解したいという欲求が世の中に高まっていた時期だったからこそ、『もしドラ』はあれだけの大ベストセラーとなったことは間違いありません。

ドラッカーの生誕100年と同様に、私たちの周りには「すでに起こった未来」がいくつもあります。これらは、どんどんカンニングするべきです。

たとえば、今年（2015）のNHKの大河ドラマは井上真央（いのうえまお）さんが主演で、吉田松陰（よしだしょういん）の妹役を務めます。昨年（2014）の大河ドラマは、戦国一の軍師である黒田勘兵衛（くろだかんべえ）が主人公ですが、関連本は早くもその前年の11月くらいから売られていました。

2020年に東京でオリンピックが開催されることも「すでに起こった未来」です。

つまり予言者でなくても「すでに起こった未来」に関する情報は、平等に与えられているのです。どんなことがいつ話題になり、流行となるかを察知し、待ち伏せしておくことも、ビジネスに求められるセンスの一つといえるでしょう。

この能力を身につけるトレーニング

〈「９つのニーズ」を常に意識する〉

「先が見えない時代」とよく言われるように、画一的な世の中の常識は通用しなくなり、これまでぶら下がってきた価値観では満たされない時代を私たちは生きています。

こうした混乱の時代を乗り切るには、何を指針にすればいいのでしょう？

そんな問いに応えているのが、『自分の秘密　才能を自分で見つける方法』（北端康良著、経済界）の中の「「答えがない時代の」９つの声」というトピックスです。

北端氏は、「３つの質問」で才能を引き出す「才能心理分析法」を開発した方で、現在、経営者や企業幹部、ビジネスマンを対象に、コンサルティング、研修・セミナーを行っておられます。

『自分の秘密　才能を自分で見つける方法』は、坂本龍馬、本田宗一郎、レオナルド・ダ・ヴィンチ、ココ・シャネルなど、世界を変え、時代を超えて受け継がれる作品を残した偉人たちを取り上げ、彼らの人生をたどることで彼らが開花させた才能の秘密を解明し、読者が自らの「隠れた才能」を見つけ、引き出し、活かせるように導くという内容です。

僕も興味深く読ませていただきましたが、特に心に残ったのが、「『答えがない時代の』９つの声」です。本のテーマである「才能」とは直接関係のない話ですが、今の世相を見事に捉えており、カンニングをする際にも活用できるキーワードだと感じたので、ここに抜粋しご紹介します。

心理学を学んだ北端氏が、「時代のニーズ」として挙げたのは次のとおりです。

①変わりたい
②安定・安心したい
③自立して、強くなりたい
④教えてほしい
⑤助けてほしい
⑥簡単に、すぐできるものが欲しい
⑦夢がほしい

⑧ 現実を忘れたい
⑨ つながりたい

たとえば、QBハウスは6番目の「簡単に、すぐできるものが欲しい」というニーズに応えていますし、『もし高校野球の女子マネージャーがドラッカーの「マネジメント」を読んだら』は4番目の「教えてほしい」というニーズに応えています。「俺の株式会社」は安い価格で高級店の味を、という点で8番目の「現実を忘れたい」に応えているといえるでしょう。

どんなに素晴らしいアイデアでも、時代のニーズに応えていないものは、受け入れてもらうことはできません。言い換えれば、買い手をいかに満足させることができるかが、ビジネスの成功の秘訣です。

この9つのニーズを、手帳など常に見ることができるものに書き留めておき、何かを発想する際のチェックリストとして活用すると、情報応用力のよいトレーニングになります。

この章のまとめ

●情報を自分の仕事に応用する際のポイントは、「掛け算する力」「引く力」「割り切る力」「待ち伏せする力」

●世の中にすでにあるものと、まだないものを組み合わせると、新しいものが生まれる。

●成功している企業を詳しく観察すると、右のフレーズのどれかで説明することができる。

5章

大人のカンニングを実践すると

……「収集」「変換」「応用」のプロセスを俯瞰(ふかん)する

【より精度の高いカンニングを実践するために】

ここまでカンニングに必要なスキルを情報収集力、情報変換力、情報応用力の3つに分けてお話ししてきました。

ステップとしては情報をストックし、その中から必要となる情報を選び出し、その情報を変換し、最後に応用するということになります。

しかし冒頭でも述べたとおり、僕が実際にカンニングをする際は、自分がどの能力を使っているのか、あまり意識していません。運動選手が競技をするとき、自分がどの筋肉を使っているかなど考えずに身体を動かしているのと同じです。

情報収集をカンニングのための「準備」、情報変換を自分の頭の中で考える「仮説」、情報応用を実際に行動に移す「検証」と捉えることもできます。

カンニングが仕事にうまく活かせず、再度同じテーマでカンニングをすることもありますが、それはちょうど「検証」がうまくいかず、再び「準備」する、というイメージです。その場合、「準備」「仮説」「検証」のサイクルを1度回していることで、前回よりはより精度の高いサイクルになります。

必要な筋力が鍛えられていれば、身体がスムースに動いてよいパフォーマンスができます。それと同じように、収集、変換、応用のそれぞれの能力が連動し、うまく融合したときに、実行性のあるカンニング力となり、新たなものを生み出すのです。

本章では、僕自身の実体験をもとに、カンニングのプロセスがどう進んでいくのかを俯瞰(ふかん)的に見ていきます。

【百貨店の朝の売り場をカンニング——アウトレットの場合】

すでに何度か説明してきたように、僕は時計メーカーのサラリーマンだったときに、アウトレット事業を始めました。

その際に「カニ缶」を意識したのは、1章に書いたとおりです。

時計はモノが小さくて高いから、坪単価を高くすることは可能です。そこは狙える。そう考えて、10坪のお店に出店することにしました。アウトレットに出店するときに、普通、時計店は20坪です。お店側が使いやすく心地いいからです。

それをあえて、半分のお店にしたのです。そうすると、当然ながら同じ売上でも坪単価では倍になるので、「なんだ、このお店?」とディベロッパーも思うわけです。つまり、同業他社より突き抜けることができます。

家賃が売上歩合（最低保証家賃や敷金は変わります）なのに、わざわざ自ら狭い店舗にしようとする戦略には、身内からも反対意見がでました。というのも、それまでの店舗が開発業者と間取りの交渉をする際は、「どうせ家賃が歩合なら、使い勝手がよい広さを借りた方が得」という発想だったからです。

もちろん、狭くしたことでデメリットも生じます。たとえば、在庫を置く場所をどうするか。

〈人は「ファイティングポーズ」をとっているお店に惹かれる〉

店舗面積10坪の第一号店がスタートしたとき、僕はその店舗の店長でした。店長といっても小売業のノウハウなどまったくなかったので、自分の店の売上を少しでも伸ばすため、いろいろな店を見に行きました。つまり**「情報収集」**です。

行列ができる店や話題になっている店、長く続いている老舗など、さまざまな店に足を運びましたが、中でも特に感動したのは、朝いちばんの百貨店でした。

朝いちばんの百貨店というのは、入り口で挨拶されるのはもちろんのこと、フロアを歩いているだけで、各売り場から「いらっしゃいませ！」の声が聞こえてきます。まるで百貨店の店員全員に温かく出迎えられている気分です。

そして、まだ誰の手にも触れられていない売り場は、商品が整然と並んでいて、それぞれが輝いて見えます。店員の接客だって、朝礼で売上目標を聞いたばかりのためか、めちゃめちゃいい。朝いちの百貨店では、まさに王様気分が味わえます。

同じ商品を買うなら、**売る準備が整っている店舗、つまりファイティングポーズをとっている店舗**のほうがいいに決まっています。**人はファイティングポーズをとっている店舗においてこそ、購買意欲がそそられ、財布の紐がゆるむ**のです。

〈在庫を置くスペースのない店で、いかに管理するか〉

売る準備が整っている店。

それは、在庫管理がきちんとできているお店、ということになると思います。商品を扱う店舗にとって、在庫管理は重要です。在庫が少なすぎるとお客さんの需要に応えることができず商機を逃してしまうことになりかねません。逆に多すぎれば在庫のまま眠ってしまうことになり資金が凍結してしまいます。

一方、僕の店は既存の店の半分の10坪で、在庫を置くスペースなどほとんどありません。

だからといって、人もスペースもたっぷりある百貨店だからできることであってアウトレットは特殊だからできない、とは考えませんでした。**「情報変換力」の「特殊はない」**ですね。

限られたスペースを有効に活用するために、ショーケースの下に棚を作り、そこに在庫を保管することにしました。もちろん、こまめに発注し、ゾーニング（区分け）を工夫することで、なるべく在庫の数を抑えるよう努力しました。

カニ缶ビジネスを持ち込んだのは僕であり、店舗スペースを狭くすることによるデメリットもあらかじめ予測していたので、僕が自ら在庫管理をしていたときは、在庫置き場がほとんどない10坪の店であっても、特に問題はありませんでした。

ところが、店舗数が増えて在庫管理を店長以下のスタッフにバトンタッチしたところ、管理が行き届かなくなったのか、途端に誤発注が増え、在庫が膨張してしまいました。

同じ商品がいくつも出ているのに、売れる商品は店頭に並んでいない。あるいは、店頭に並ぶ機会のない商品がある、といった状態は、売るための姿勢が整っているとはいえません。つまり店舗としてファイティングポーズがとれていないということです。

朝の百貨店のようにファイティングポーズをとり、お客さんに「この店は気持ちがいい。こんな店で買いたい」と思っていただくためにも、在庫管理は徹底しなければいけません。

スタッフが僕の在庫管理をカンニングしてくれれば話が早いのですが、店長である僕と同じような視点を持って、店舗の運営に親身に関わるスタッフなどそうそういません。

〈「スタッフは考えなくてよい」と割り切る〉

そこで、僕はスタッフに僕と同じように在庫管理をしてもらうために、自分がやってきた在庫管理法をマニュアル化することにしました。こちらの意図通りにやってもらうには、スタッフに何も考えさせることなくやってもらう仕組みを作ること、つまりマニュアルが必要になるのです。

たとえば、品出しに忙しいコンビニエンスストアであれば、レジと品出しに関するマニュアルがあります。レジに立つのはスタッフひとり、他のスタッフは商品の補充をメインに行い、顧客が二人並んだらお待たせしないように、品出しをしていたスタッフがレジに回るといった具合です。

また、某牛丼チェーンでは、お客さんの湯のみを手にしている角度をチェックしていて、何度以上の角度になって飲んでいたらお茶が残り少なくなっているから注ぎに行く、と決まっているそうです。

機転の利くスタッフであれば、マニュアルなどなくても自ら気づいて最適な方法で作業を進めることができます。けれど世の中は、そういう人ばかりではありません。個々の判断に委(ゆだ)ねていては店舗のクオリティを下げかねないので、複数のスタッフに考えることなく実行してもらうためのマニュアルが必要になるのです。

むしろ、マニュアルは現場のスタッフに考えさせない、考えなくてもいいと割り切る存在、といえるでしょう。

接客マニュアルということで、言葉遣いから挨拶の仕方まで文字にするという考えもありますが、僕は在庫管理に特化したルールにしました。在庫管理をスムースに行うことが、アウトレットではとても大事だと考えたからであり、他の要素はあえて言及しなかったのですが、これは**「情報応用力」**の**「割り切る力」**になります。

僕が自分で在庫管理をしていたときは、上下二段ある棚を使い分け、店舗にある在庫の総数と、商品毎の在庫の数を把握できるようにしていました。

腕時計は商品自体が小さいので、納品されるときは、通常一つの箱に同じ商品が5つ入っています。僕は納品されたばかりの箱、つまり時計が5つ入っている箱を、棚の下の段に入れていました。そして、商品の補充で店頭に出したため、5つ入りではなくなった箱を上の段に移動させていました。

さらに上の段の箱に関しては、棚のスペースを有効に使うため、女性用カジュアル、男性用フォーマルというようにある程度カテゴリーで分類しつつも一つの箱に異なる商品を同居させ、箱の数を少なくするようにしました。

こうすれば、上下段にある箱の数からおおよその在庫の総数が掴め、下の段の箱の内容を見ることで、個々の商品の在庫状況を把握することができます。

ところがスタッフは、ショーケースから商品がなくなると、棚の上下の区別などおかまいなしに箱を開け、自分が探している商品を出してはそのまま棚に戻していたのです。5つ入るスペースがあるにもかかわらずひとつしか入っていないという箱が増えていき、棚は在庫をしまう箱で溢れんばかりになってしまいました。箱の数が多いと、保管場所に余裕がなくなるばかりでなく、在庫を探すときの手間が膨大になり、時間がかかります。

とにかく箱の数を減らさなければ、ということで、僕は「商品が5つ以下の箱には、他の商品を入れて箱の数を減らす」というルールを最初に作りました。

〈マニュアルを進化させる〉

これにより箱の数が減り、在庫の総数はおおよそ把握できるようになりました。しかし、5つ揃いでなくなった箱に、闇雲に他の時計をどんどん入れていくため、どの商品がどこに入っているのか、さっぱりわかりません。しかもどういう商品が入っているのかわからない箱が棚の上下段にあるため、目的の在庫を探すのに非常に時間がかかるのです。効率が悪いうえに見落としも多いため、在庫があるのに発注してしまう誤発注が一向になくなりません。

そこで、「下の段は同じ商品が5つ入った箱しか置かずその箱には商品名を書いた付箋を貼る」「4個以下になった箱は上の段に移動する」というルールを新たに加えました。

付箋に商品名を書いておけば、箱を開けなくても中身がわかりますし、付箋を剥がしてしまえば別な商品を入れる箱として再利用できます。また、4個以下になった箱を自動的に上の段に持っていけば、下の段を見るだけで、在庫が5個以上の商品がどれとどれなのかが把握でき、人気商品が下の段になければ先回りして発注をかけることもできます。

これでうまくいくはず、と思ったのですが、このマニュアルでもちょっとした問題が残りました。目的の商品が下の段にあることがわかっている場合、上の段の箱を開けて確認することをせず、下の段の箱を開けてしまったり、4個以下になった箱を上の段に移動させず、そのまま下の段に置いていたりという問題です。

これらを解消するために、僕はさらに「5つセットの箱はセロハンテープでとめて封印し、セロハンテープを剥がし、封印を解いたケースは必ず上の段に移動する」というルールを加えました。

セロハンテープを剥がして出すのは、上の段で探したけれど、そこにはなかった商品です。「セロハンテープを剥がす」＝「封印を解く」というワンクッションを挟むことで、それがスイッチとなり、上の段を探したかの再確認を促し、封印を解いた箱を上の段に移動する行為を促すというわけです。

こうして何度か仮説・検証を繰り返した結果、在庫管理マニュアルは完成し、スタッフにも僕と同じようにやってもらうことができるようになりました。

朝いちばんの百貨店をカンニングすることによって、売る準備ができているお店の重要性に気づき、そこから仮説と検証を繰り返すことで、通常の半分の売り場面積という特殊なアウトレットに最適の、マニュアルが完成したのです。

僕が作った在庫管理マニュアルのように、**新たな仕組みやビジネスモデルは、突如として生まれてくるものではありません。**

収集した情報の本質を見極め、目の前にある課題に当てはめ（＝変換）、解決（＝応用）するといったプロセスを、修正、改善を加えつつ、繰り返すこともまた必要になります。

カンニングスキルである「収集↓変換↓応用」は、一見、階段状のステップのようですが、「収集↓変換↓応用」を繰り返すなかで精度を上げていくわけですから、同列に並ぶ3つの要素ということもできるでしょう。

情報収集が出発点になりますが、変換・応用をする過程でアンテナが伸びていくので、情報収集力の感度も次第に上がっていきます。変換・応用をするなかで、収集した情報の本質が何であったのかが改めて見えてくるということもあります。

つまり、3つの要素が相互に作用し、刺激し合うことによって、それぞれの力が磨かれていき、3つの要素がうまく融合したときに、世の中の人が必要としているにもかかわらずこれまでにはなかった、新しい仕組みが生まれてくるのです。

【CMをカンニング――ヤフオクドームでのイベントの場合】

プロレスラーになってリングに立つことを夢見ていた会社員が、憧れの長州力（ちょうしゅうりき）と後楽園ホールで対戦する。あるいは40代の女性がかつて組んでいたバンドを再結成してステージに立つ。

……「のどごし 夢のドリーム」キャンペーンと銘打ち、「一人の夢をみんなで叶(かな)える」ことをテーマに、一般の人が自分の夢を実際に叶える様子をドキュメンタリータッチで追ったキリンビールの一連のＣＭは、今でも多くの人の記憶に残っているのではないでしょうか。２０１３年1月から始まったキャンペーンです。

僕はこのＣＭを見たときに、単に「いいね〜」と共感するのではなく、「自分だったらどういう夢を実現させたいか」あるいは「自分がこのシリーズを作るとしたら、どんな夢の舞台に誰を立たせるだろうか」ということを考えていました。

もちろん、誰に頼まれたわけでもありません。勝手にコンサルティングするクセの一環として、あーでもないこーでもないと思いを巡らせていたわけです。

〈頭の中のデータベースからデータを取り出す〉

ネットでも話題になったこの「夢のドリーム」ＣＭがオンエアされてまだ間もないころ、僕は友人の伊藤喜之(いとうよしゆき)君と福岡でトークライブをしました。伊藤君は、シリーズ16万部のベストセラーとなった『バカでも年収１０００万円』の著者であり、バカリーマン（おバカなサラリーマン）日本代表を自称する人物です。

トークライブの後で行った懇親会に、ソフトバンクのマーケティングをされている僕の知り合いが来てくれました。その人は福岡のヤフオクドームの担当をしておられ、伊藤君を交え三人で話をしているときに、「始球式の権利も売っているんですよ」とぽろりと言われました。

その言葉を聞いた瞬間、僕の頭に不意に「夢のドリーム」のＣＭさながらに、始球式でマウンドに立つ、伊藤君の姿が浮かびました。

多くの男性にとって、野球選手は憧れの存在であり、野球は「夢」をイメージさせるにふさわしいスポーツです。そして、伊藤君はもともと目立ちたがり屋の性格。派手なことをするのが好きで、自分が話題になることを厭わない人物です。

彼は常々、自著を１００万部にしたいと公言していますから、時空をねじ曲げるくらいのことに躊躇はありません。

かねてから「伊藤君がもっと活躍するにはどうしたらいいのか」について勝手に想像を巡らせて、勝手にコンサルティングしていた僕としては、始球式と伊藤君の掛け合わせは絶妙なコンビネーションに感じられました。

僕はすかさず伊藤君に「やっちゃいなよ、始球式」と言いました。意表をつかれた伊藤君は「え、自分が⁉」という表情を一瞬浮かべましたが、始球式に関する情報収集をしていくうちに、伊藤君は、だんだんその気になり、その場で翌日の球場視察のアポをとり、翌日のうちにスポンサー権を買うことにしてしまいました。

権利を買うことを決めたのは伊藤君ですが、伊藤君をその気にさせた僕にも責任の一端はあります。僕は、頭の中のデータベースに収集してあった「夢のドリーム」のイメージを引き出し、伊藤君が権利を買った始球式のテーマを「男の夢実現！　サラリーマンフェスティバルｉｎ福岡ヤフオクドーム」にしようと提案しました。

つまり、伊藤君が主役となるこのイベントは、キリンビールのＣＭのカンニングであり、伊藤君にふさわしいキャスティングについて常日頃から勝手にコンサルティングしていたことが幸いして、一気に実現する運びとなったのです。

言い換えれば、僕が「夢のドリーム」キャペーンのＣＭに対し「いいね」と共感するだけで済ませ、さらに伊藤君についても「もっと活躍するにはどうすればいいか」と勝手にコンサルティングしていなかったとしたら、このイベントはありえませんでした。

男の夢実現！サラリーマンフェスティバル in 福岡ヤフオクドーム

いいね！ 574　ツイート 7　B! 0　1　更新日：2013/03/27

男の夢実現！ 4/23（火）
サラリーマンフェスティバル
in 福岡ヤフオクドーム

男の夢。

小学生の男子が将来つきたい職業で不動の首位。それはプロスポーツ選手。
中でも、日本の国民的スポーツであるプロ野球選手は、常にトップクラスの人気です。

これは、今も昔も変わりません。
ある調査では、今時の小学生も3人に1人がプロスポーツ選手を将来の夢としています。

2013年4月23日（火）福岡ヤフオクドーム。

あるサラリーマンが、プロ野球公式戦のナイターで始球式のマウンドにあがります。

しかも、パリーグ球団では断トツの1試合平均34000人の観客数を誇る人気球団である福岡ソフトバンクホークスの本拠地で行われる北海道日本ハムファイターズ戦で男の夢を果たします。当日の先発ピッチャーがマウンドの横につき、全内野手がそれぞれの守備位置から見守る中、対戦相手の日本ハムの先頭バッターに向けて投げる渾身の一球。

これは、女子の世界で言えば東京ガールズコレクションの花道を歩くようなもの、子供の世界で言えば東京ディズニーリゾートでミッキーマウスやその仲間たちと一緒にパーク内をパレードするようなもの、と言えばさらに分かりやすいかも知れません。

始球式を一大イベントに。
ネットでも集客しフェイスブックで「いいね！」が大量についた

〈「1日で投資回収」というゴールから考える〉

僕たちは、このイベントを当日で投資回収することを目標にしました。つまり、「ゴール」です。普通の始球式は企業スポンサーがお祭り的に行うものであり、イメージ広告的に利用されるため、始球式当日に回収ということがテーマに挙がることはありません。

僕は、

「始球式のときに使える球場施設はどんなものがあるか?」

「1日スポンサーとしての権利はどのようなものか?」

などについて、詳しく聞き取り調査し、計画を立てました。まずは**手持ちの駒（リソース）の洗い出し**です。

イベント当日は単なる始球式ではなく、その前に伊藤君と僕とでセミナーを行いました。また、僕ら共通の人脈がある出版関係者や著者をお招きし、九州地区の著者や著者に興味がある人を集めた交流会をVIPルームで主催しました。スポンサーとして頂戴した観戦チケットを転売したらダフ行為ですが、交流会参加者に無料配布すれば問題ありません。

さらに、福岡ソフトバンクホークスの秋山監督や北海道日本ハムファイターズの栗山監督への花束贈呈の権利にもスポンサーを募ったり、施設内の通路に書籍の販売コーナーを設け、出版社に使ってもらったりもしました。

それらの会費で始球式に必要な経費をまかなおうと考えたのです。ゴールから考えるという点で、**「情報変換力」の「逆方向から考える」**に相当します。

その結果、ちょっとした立ち話から始まった始球式の話は、「男の夢実現！ サラリーマンフェスティバルin福岡ヤフオクドーム」として実を結び、伊藤君は、真上にボールを投げる魔球で会場を沸かせることになりました。

男の夢を実現し、3万人の大観衆が見守る中での始球式を務めた伊藤君は、ホークスのレギュラー選手にたまたま高校時代の後輩がおり、高校時代には何の接点もなかったにもかかわらず、新たなご縁となっています。

【大人のカンニングは進化する】

ご紹介した2つの例、そしてその前のスーパーのカニ缶とアウトレットの話。これら3つは、カニ缶の話が13年前、デパートとマニュアルの話が10年前、そしてキリンビールの「夢のドリーム」と伊藤君の始球式の話が一昨年です。

こうして並べ、改めて振り返ることで、気づいたことがあります。それは、僕自身のカンニング力が進化しているということです。

カニ缶や朝のデパートをカンニングしていた頃はまだ、必要に迫られ、何か参考になるものはないか、どこかにヒントはないかと探していたように思います。つまり、今晩の夕食を作るために、材料を買い揃えに行くといったスタイルだったわけです。

一方、直近の「夢のドリーム」では、何の前提もない状態でたまたま収集しておいた情報が、「始球式を販売している」という言葉をきっかけにして、みるみるうちに変換、応用へと進んでいきました。

2章でお話ししたように、食材と違って**情報に鮮度は求められません**。何カ月でも何年でもストックしておくことができます。そして**常日頃からストックしておくからこそ、何かがあったときに瞬発的にアイデアが浮かび、ビジネスに結びつけることができるのです。**

目の前の業務を遂行するために、何かをカンニングするのも大切なことですが、カンニングの真価は、未来のビジネスにどう結びつけるかにあります。必要に迫られてから探しに行くのでは、出遅れてしまう場合があります。

つまり、カンニングの肝は、**いつ役立つかわからないけど、役立ちそうなものをどれだけキャッチできるか、**です。

チャンスの神様の前髪を摑み取るべく、日頃からアンテナを張り巡らせ、カンニング力を鍛え、磨いておきたいものです。

このような経験を積み重ねることで、今では僕は、サラリーマン以外の優秀な企業事業主や会社経営者から指名を受け、個人コンサルティングを行っています。

●カンニングが仕事にうまく活かせず、再度同じテーマでカンニングすることもあるが、1回目よりもより精度の高いサイクルになる。

●カンニングのポイントは、いつ役立つかはわからないが役立ちそうなものを、どれだけキャッチできるか。

この章のまとめ

カンニングは
これからの
サラリーマンに
必要な力

……リストラ候補から大逆転できた本当の理由

【「入社→定年」だけがレールではなくなった】

僕の小学生時代の成績表は、オール「ふつう」でした。僕が通っていた小学校では、「よい、ふつう、もうすこし」という3段階評価だったのですが、たまに何かの教科が一つだけ「よい」もしくは「もうすこし」になることはあっても、僕は6年間を通じて、ほぼオール「ふつう」だったのです。

算数や国語が「もうすこし」でも運動神経に恵まれ体育だけは必ず「よい」の子もいれば、社会はいつも「よい」でも図画工作が苦手で「もうすこし」という子もいるなど、周りの同級生にはそれぞれ得意科目と苦手科目があり、彼らの成績表には「よい」「ふつう」「もうすこし」が混在していました。

でも、僕は万年オール「ふつう」だったのです。オール「よい」を取ることはもちろん難しいでしょうけれど、オール「ふつう」もまた滅多に取れるものではありません。成績表を見る限り、僕は特に苦手なものがなくすべてを「ふつう」にこなすことができる反面、何ら突出した才能を持ち合わせていなかったのです。

日本の公立小中学校における教育は、大衆に向けた教育です。日本における大衆といえば、就業人口の約80％を占めているサラリーマン。つまり、日本の学校教育はサラリーマンを養成していると言っても過言ではありません。

オール「ふつう」だった僕は、サラリーマン向けの教育を受け、自分の突出した才能を見つける場所も機会も与えられないまま大学を卒業しました。そして、才能や能力といったものは自分とは無関係なものとあきらめていたので、当たり前のように日本人の就業人口の大多数を占めるサラリーマンになりました。

サラリーマンになった僕は、先輩たちから言われたこと、指示されたことを忠実にこなしました。それが「サラリーマンの仕事」だと思っていたからです。言われたことを言われたとおりにやればいいだけですから、カンニングをする必要はありません。

言われたことを言われたとおりにやることに何の疑問を持たなかった僕は、「自分は新卒で入った会社でずっと同じように仕事をし、ゆくゆくはなんともいえない違和感を抱えたまま定年というゴールを迎えるだろう」と考えていました。

定年を迎えることが僕の理想だったわけでは決してありませんが、現実的にはそれが順当というわけです。

「新卒で入った会社に定年まで勤める」という意識は、日本のサラリーマンの間に昔から深く根付いており、僕が社会人になった当時も決して消えてはいませんでした。

ところが、僕の場合は30歳のときに転機が訪れました。勤務していた時計メーカーが半世紀ぶりに赤字に陥(おちい)り、業績を回復させるためにリストラが行われ、僕は「リストラ候補」になったのです。定年というゴールに向け、言われたことを言われたとおりにやってきた僕にとって、それは人生の地殻変動ともいうべき大きな出来事でした。

入社して定年まで繋がるレールに乗ったと思っていたのに、そのレールが突然途切れる可能性があると宣告されたのです。「リストラ候補」になったことで、僕はレールに乗っかり定年というゴールに向かうことをあきらめました。

自分の才能や能力をあきらめ、終身雇用という日本の慣例もあきらめた僕にできることは、**レール以外のところで成功している人の知恵を借りる「大人のカンニング」**

だったのです。

【見えるもの、聞こえるものがすべてビジネスの種に】

オール「ふつう」で突出した才能を持たない人間は、無から有を生み出すことなどできません。しかし、身近な成功例を学び、そこから知恵を拝借することならできます。それらを組み合わせて、新たなものを生み出すこともできます。しかも組み合わせに正解はありません。自由自在に組み合わせることができるのです。

ギリシャ神話の中に、触るものすべてを金（きん）に変えてしまうミダス王の話がありますが、カンニングが身についた僕にとっては今や「見えるもの、聞こえるものすべてがビジネスの種」という感じです。

ちなみに強欲なミダス王は、神から触るものすべてを金に変えてしまう超能力を授かっても、結局幸せになることはできませんでした。ミダス王が手に触れるものは、食べ物から自分の娘まで、何もかも金に変わってしまったからです。

一方、カンニング力は身につければつけるほど発想力が活性化されますし、場合によってはその発想によってこれまでになかったビジネスが生まれ、誰かの役に立つことだってできるのです。こんなに楽しいことはありません。

プロフェッショナルサラリーマンは、「大人のカンニング」で夢を創る

かつて日本のサラリーマン社会に当たり前のように敷かれていた終身雇用というレールは、今や限られたものとなってしまいました。レールに乗り続けることができる人は、この先どんどん減っていくことでしょう。

実際、採用の仕方が変わり、今や正社員も契約社員も、線引きされることなく同じような仕事をしています。言い換えれば、**正社員にならなくていい理由がどんどん増えているわけです**。「正社員」という言葉さえ、将来的には死語になる可能性があるのではないでしょうか。

こうした現状のなか、しがみついてでも会社が敷いたレールに乗ろうと考え、リストラの恐怖に怯(おび)えるよりは、**既存のレールに拘(こだわ)らず、途中から自分自身で新たな道を歩むという選択肢を準備していたほうが心強いはずです。**

既存のレールから降りた場合のゴールは「定年」ではありません。

「夢」に変わります。

「夢」などというと非現実的に感じられるかもしれませんが、特別な才能がなくても、**カンニング力を使えば「夢」を創る**ことができるのです。

視点を変え、見えないものを信じる力を持てば、世の中はカンニングの宝庫です。自分に関係ないと思い、見ようともせず、知ろうともせずに通り過ぎては、それが宝であるかどうかもわかるはずがありません。

自分の周りで起きている事象について、「何か意味があるはずだ」という前提に立ち、そこからメッセージを受け取ろうと働きかければ、見える世界が変わってきます。

〝なれそうな自分〟ではなく、〝なれる最高の自分〟。

見える世界が変われば、目指すゴールも自ずと変わってくるはずです。

●「入社→定年」というレールが途切れる可能性が高い今、レール以外のところで成功している人の知恵を借りる「大人のカンニング」が重要になってくる。

●特別な才能がなくても、大人のカンニングを使えば「夢」を実現することができる。

●「大人のカンニング」が身につけば、見えるもの、聞こえるもののすべてがビジネスの種になる。

あとがき

ITの本拠地である米シリコンバレーが発祥といわれる、「エレベーターピッチ」。

シリコンバレーでは次世代のGoogleを目指す多くの起業家たちが、自分のビジネスプランをプロの投資家たちに向かって毎日のようにアピールしています。

そんな中、「ベンチャーは、エレベーターの中で投資家に会ったら、自分のビジネスプランを30秒で的確に伝えられなければ未来はない」と言われてきました。これが、エレベーターピッチ（〝ピッチ〟は「説明する」の意味）という言葉の意味です。

しかし、肝心なネタが退屈なものであれば、せっかくのエレベーターピッチも聞き手にとっては雑音になってしまいます。

つまり、提案が採用されるまでのステップには、

①大人のカンニング

②エレベーターピッチ

③提案の採用

という3段階の流れがあるのです。

いつ役に立つか分からないことをどれだけストックできるか？
これがネタの仕込みとなります。
そのストックのためのスキルが「大人のカンニング」の役割です。

そのときは役に立たないと思っていたもの同士が化学反応を起こし、とんでもないアイデアが生まれるというのは、よくある話です。
これからは、仕事中はもちろん、それ以外の時間でも気楽にこのネタの仕込みにトライしてみていただければと思います。

本書は、これまでの7冊の出版経験の中でも、企画の構想の段階から出版に至るまでに一番仕込みに時間を要した書籍となりました。自らの体験を言葉にしていく作業とは異なり、いつも無意識でやっていることを言語化して他人に説明するというのは、私にとって大変ハードルの高いことだったからです。

しかし、その甲斐(かい)があって、ネタの仕込みの部分については、現時点で僕が語れる範囲のことについては体系化ができたと自負しています。

あなたが大人のカンニング能力をますます高めていくことで、あなた自身のビジネスのブラッシュアップはもちろん、世の中を変えるような提案をしていくための一助になれば、これに優(まさ)る喜びはありません。

この出版企画をご提案いただき、辛抱強く励ましていただいた祥伝社書籍出版部のみなさま、いつも僕を支えてくれている私塾「プロ研」のメンバー、モニター読書会に参加してくださった皆さん、そして、この書籍を最後まで読んでくださった読者の皆さまに感謝の気持ちを込めて、筆を置きたいと思います。

本当にありがとうございました。

二〇一五年一月

保野成敏(またのなるとし)

読者のみなさまへの特別プレゼント

プレゼント その1

必読書タイトルご紹介PDF

ビジネスセンスを磨くために役立つ、とっておきの厳選書籍10冊のタイトルとその理由をPDFにまとめました。

プレゼント その2

特別対談音声

保野 成敏（『一流の人は上手にパクる』著者）
×
長谷川 千波（『営業の悪魔』著者）

祥伝社から2015年２月１日に新刊が発売される著者ふたりが、それぞれの読者のために対談します。お互いの本の読みどころや感想を存分に語っています。

それぞれの新刊の読みどころとポイントが、より深くご理解いただけます。（約60分間）

いますぐ下記のURLにアクセスし、
この２つのプレゼントをまとめて
受け取ってください！

http://www.matano.asia/shodensha/

※このプレゼントは、予告なく終わることがあります。

仕事のアイデアがわいてくる大人のカンニング
一流の人は上手にパクる

平成27年2月10日　初版第1刷発行

著　者　保野成敏
発行者　竹内和芳
発行所　祥伝社
〒101-8701
東京都千代田区神田神保町3-3
☎03(3265)2081(販売部)
☎03(3265)1084(編集部)
☎03(3265)3622(業務部)

印　刷　萩原印刷
製　本　ナショナル製本

ISBN978-4-396-61517-8 C0030　Printed in Japan
祥伝社のホームページ・http://www.shodensha.co.jp/